中公新書 2618

中元崇智著

板垣退助

自由民権指導者の実像

中央公論新社刊

はじめに

板垣退助(一八三七〜一九一九)は幕末から明治・大正を通して活躍した歴史的人物である。彼はまた生前から伝説化された人物であった。

年輩の方であれば、表に板垣、裏に国会議事堂が配された百円札を思い浮かべるかもしれない。高校の歴史教科書には、板垣が一八七三(明治六)年の政変で西郷隆盛とともに下野したことや、自由民権運動の指導者として自由党総理に就任したことなどが記されている。何より、一八八二年の板垣退助岐阜遭難事件における「板垣死すとも自由は死せず」が名言として、いまなおよく知られているだろう。

一方、板垣の行動は生前から強い批判も受けてきた。たとえば、一八八二年の外遊で政府が資金を拠出したとされる問題、一八九一年の第一回帝国議会で政府予算案への妥協を板垣らが指示したとされる「土佐派の裏切り」など、板垣への批判は数多く存在する。そのためもあってか、著名な人物でありながら、研究者による板垣の伝記は平尾道雄『無形板垣退助』（一九七四年）などを除き、現在に至るまで皆無に近い。

他方、日本近代史のなかで、板垣ほど謎の多い人物も少ない。たとえば、板垣は戊辰戦争で土佐藩兵を率い、会津藩を降伏させた軍人＝「軍事英雄」であった。しかし、明治六年政変で下野後、自由民権運動の指導者へと転身する。だが、そのプロセスは明らかではない。また、名言とされる「板垣死すとも自由は死せず」は実際に発言されたのであろうか。テロに遭遇した直後の人間がとっさにそのような発言をできたのか、疑問が残る。

板垣退助

板垣は日本最初の政党である自由党を創設したが、貴族院議員にも衆議院議員にも選出されたことがない。その板垣がどのように政党の指揮を執ったのだろうか。

謎の多い板垣だが、没してから二〇年ほど経った一九三八（昭和一三）年、大日本帝国憲法発布五〇年記念祝典に際し、憲政功労者として国会議事堂中央広間に伊藤博文・大隈重信とともに、板垣退助の銅像が設置されている。憲政を語るうえで代表的な三人の一人なのである。戦後も肖像が国会議事堂とともに百円札に配され、国会開設に尽力した自由民権運動の指導者として評価されている。

本書では、謎が多く伝説化された板垣について、当時の史料を分析することで、その実像を明らかにする。その際に、伝説化された板垣像を創るのに大きな役割を果たした、板垣が監修し、編纂された『自由党史』（一九一〇年刊行）や『板垣退助君伝』第一巻（一八九三年刊行）などを批判的に検討し、板垣についての叙述がどのように書き替えられ、伝説化されたかも指摘する。

日本最初の政党を結成し、議会政治に大きな役割を果たした板垣の実像を知ることは、現在の政党や議会政治との共通点や課題を考えるうえで重要な材料となるであろう。

目次

板垣退助

——自由民権指導者の実像

凡例

- 年表記は、一八七二（明治五）年の太陽暦採用以前は和暦とし、以後は西暦を基本とした。それぞれ、西暦、和暦を適宜補った。
- 月日表記は太陽暦採用以前は原則として旧暦にした。
- 引用文中の旧漢字は新漢字に、旧かなは新かなに、カタカナはひらがなに改めた。また句読点を補ったところがある。
- 引用文中の〔　〕は筆者による補足である。
- ルビは引用を含め適宜振った。
- 年齢は数え年を基本とする。
- 敬称は略した。

第一章　戊辰戦争の「軍事英雄」——土佐藩の「有為の才」

1　誕生——上士の嫡男として

喧嘩好きの親分肌

板垣退助は、天保八（一八三七）年四月一七日、土佐国高知城下中島町の屋敷に、父乾栄六正成（御馬廻三〇〇石、天保一四年以降は二七〇石）、母幸の嫡男として誕生した。「板垣」の姓は慶応四（一八六八）年の戊辰戦争に際して改姓したものであり、土佐藩政時代は乾退助（幼名猪之助、実名正形）であった（『御侍中先祖書系図牒』）。ただし、以下、本書では、板垣で統一する。

板垣の祖先は甲斐国の戦国大名武田晴信（信玄）の重臣板垣信方（信形）とされ、その遺子正信が乾姓を名乗って山内一豊に知行一〇〇〇石で仕えたとされているが、不明な点も多い（『板垣退助君伝記』一巻）。正信の死後、山内刑部一照の次男正行が養子となり、知行を三〇〇石に削られた。

そして、正信から数えて一〇代目が退助であり、乾家は藩主の周辺を警護する御馬廻・上士として高知城を中心とする郭中・中島町（現高知市本町・高野寺）に屋敷を構えていた。土佐藩では、家老・中老・馬廻・小姓組・留守居組の五等級が上士（士格）とされ、郷士・用人・徒士・足軽・武家奉公人などが下士（軽格）とされた（『土佐藩』）。なお、後に登場する武市半平太は上士と下士の中間にある白札である。

この中島町では、戊辰戦争以来、板垣を支えた片岡健吉（二〇〇石）が二軒隣の屋敷に天保一四年に誕生しており、隣町の片町には終生の友人であった後藤象二郎（一五〇石）が天保九年に誕生していた。彼らは板垣のごく近所で成長し、特に一歳下の後藤は板垣のよきライバルで遊び相手であった。

板垣が誕生した天保年間（一八三〇〜四四年）には、幕末土佐藩を動かした著名人が数多く誕生している。岩崎弥太郎（天保五年）、坂本龍馬・福岡孝弟（天保六年）、谷干城（天保八年）、中岡慎太郎（天保九年）などであり、彼らは板垣の人生に関わってくることとなる。

板垣は幼少期から粗暴過激であり、喧嘩大好きの親分肌な悪ガキだったらしい。板垣は後藤を「やす」（幼名保弥太の略称）と呼び、後藤は板垣を「いのす」（幼名猪之助の略称）と呼ぶ親友であったが、その喧嘩も激しかったようである。板垣は潔癖症で糞が嫌いであり、後藤は蛇を嫌ったため、お互いが喧嘩をするときは板垣が後藤に蛇を投げつけ、後藤は板垣に糞を投げつけたというエピソードも残る（『板垣退助君伝記』一巻）。嘉永五（一八五二）年一二月には、一六歳になった板垣が同輩の者に「狼藉（ろうぜき）同様」の行いをしたとして、藩庁から自宅謹慎の処分が下されている（『御侍中先祖書系図牒』）。

一方、板垣には弱者に優しい面があった。あるとき、乳児を抱いた女乞食（こじき）が一椀の食を乾家の門前で求めた。これを見た板垣は姉の外出用の衣装を与えたが、姉が怒る横で母の幸はいずれ乾家の家名を高めるのは退助であると述べたという（『板垣退助君伝記』一巻）。板垣のような著名人の少年期は脚色や創作がつきものであるが、幸は精神面で不安定であった父正成を支え、少年時代の板垣を自由奔放に育てた。しかし、幸は板垣が一三歳のときに死去、二四歳のときには父正成も死去している。

後藤象二郎（1838～97）

片岡健吉（1844～1903）

安政元（一八五四）年一二月二八日、板垣は一八歳で江戸勤

番を命じられ、江戸へ向かった。ペリー来航（嘉永六年六月三日）後の江戸で板垣がどのような経験をしたのかは定かではない。安政三年八月八日、土佐に戻った板垣は自宅で同輩に「不作法之挙動」（礼儀をわきまえない行為）があったとして、土佐藩から「惣領職」（家督相続権）を剥奪された。また、高知城下四ヵ村への立ち入り禁止のうえ、神田村（現高知市神田）に謫居（罰をうけてひきこもること）を命じられた（『御侍中先祖書系図牒』）。

土佐藩の変遷

ここで、板垣が謫居となった安政年間に至る土佐藩の歴史を振り返ってみよう。慶長五（一六〇〇）年、関ヶ原合戦の後、土佐一国を治めていた長宗我部盛親に代わり土佐一国を宛行われたのが、遠州掛川六万石の城主であった山内一豊である。山内家は当初、土佐一国九万八〇〇〇石であったが、慶長一〇年の石高改めの際に二倍の軍役を果たして幕府に忠誠を誓うため、二〇万二六二六石余と申告し、代々継承することとなった（「土佐藩山内家の知行高についての一試論」）。

板垣が誕生した天保期に入ると、土佐藩は内憂外患に直面する。天保一四（一八四三）年三月、長年にわたって藩主の座にあった一二代山内豊資が隠居し、子の豊熙に一三代藩主を譲った。藩主豊熙は天保一四年の中級武士馬淵嘉平を中心とする改革派（「おこぜ組」）の失

山内容堂（1827～72）

脚後も藩政改革を推進し、吉田東洋（通称元吉、実名正秋、御馬廻二〇〇石）を郡奉行に任命して民政を担当させた。吉田は凶作・飢饉に備え米穀・金銭を貯蔵するため、済農倉を設立する一方、人材の登用や法令の整備、行政整理、備荒貯蓄、海防の急務などを軸とする「時事五箇条」の建白書を提出している（『吉田東洋』）。

しかし、藩主豊熙は嘉永元（一八四八）年七月一〇日に三四歳で病死した。その養子となった実弟豊惇が幕府から一四代藩主として相続を認められたが、同年九月一八日に病死した。そこで、山内家は分家の南屋敷山内豊著の長子、豊信（隠居後、容堂と号す、以下容堂で統一）を養子とし、幕府の了解を取り付け一五代藩主にして存続の危機を乗り切った。

容堂は関ヶ原合戦で領知を減封された毛利家と違い、山内家は関ヶ原の合戦で六万石から二〇万石に加増された恩義がある（実際は九万八〇〇〇石）と文久三（一八六三）年七月に宇和島藩前藩主伊達宗城に書き送っている（土佐山内宝物資料館編『山内容堂』参考史料）。こうした経緯から、容堂は山内家を徳川恩顧の家と認識しており、容堂の政治認識は幕末土佐藩の政治方針にも影響していく（『土佐と南海道』）。

嘉永六（一八五三）年六月三日、アメリカの東インド艦隊司令長官兼遣日特使ペリーが軍艦四隻を率いて浦賀沖に来航した。緊迫した国際情勢のなか、山内容堂は当時無役となっていた吉田東洋を七月二七日に大目付、一一月二八日に参政（仕置役）に登用した。

吉田は城下鍋焼（なべやき）に鋳砲場を設けて盛んに大砲を鋳造させる一方、安政元年に海防策の一環として、海岸地帯の漁夫や農民から強壮な壮丁を募って生業の余暇に訓練する民兵制度を創設した（『吉田東洋』）。吉田は六月に山内家の親戚で将軍家旗本であった松下嘉兵衛に対する暴行事件で失脚するが、板垣の運命とも大きく関わっていくこととなる。

安政の大獄と板垣の登用

一方、中央政局では、安政五（一八五八）年四月に井伊直弼が江戸幕府の大老職に就任する。六月一九日には、井伊が孝明天皇の勅許を待たず、日米修好通商条約に調印した。二五日には、一三代将軍家定の継嗣に紀州藩主徳川慶福（よしとみ）（のちの家茂（いえもち））が決定されたことを発表する。

当時の幕府内では、御三家の一つ、水戸徳川家の斉昭の七男で、御三卿一橋家の養子となっていた一橋慶喜を支持する一橋派と、御三家紀州藩主であった徳川慶福を支持する南紀派が将軍後継をめぐって争っていたが、土佐藩主山内容堂も一橋派に近いと目されていた。井伊による安政の大獄によって、一橋派は一斉に処分され、安政六年二月二六日、容堂も三三歳で隠居（のちに謹慎）に追い込まれ、藩主の座を前藩主山内豊惇の実弟豊範（とよのり）に譲る。

安政の大獄は板垣にも影響した。容堂から豊範への家督相続が幕府に無事許されたことを理由に板垣の処分が解かれ、五月二三日に城下への帰住が認められたのである。しかし、懲りない板垣はわずか三ヵ月後に再び「不作法」の事件を引き起こした。ところが、翌万延元（一八六〇）年閏三月一〇日に父の乾正成が死去。処分未決中の板垣は知行五〇石を削られたものの、乾家の二二〇石を継承することができたのである（『御侍中先祖書系図牒』）。

当時、土佐藩政を掌握していたのは、安政五年一月に再び参政に復帰した吉田東洋であった。吉田は山内容堂の信任の下、幼少の豊範を補佐して富国強兵政策に基づく藩政改革を促進していた。

吉田は文久元（一八六一）年一二月に容堂に改革案を提示する。その内容は士格身分を家老・中老・馬廻・小姓組・留守居組の五等にまとめる身分階級制の簡素化や文芸諸芸家（文学・武芸・医術など）の世襲制度廃止、軽格の才能ある者を士格に進めて登用すること、藩士子弟の教育を司る文武館（ぶんぶ）の創設に関わる運営規則の制定であった。文久二年三月、吉田は文芸諸芸家の世襲制度を廃止し、諸士階級制度改革を発令した。さらに、四月五日には文武館（のちに致道館と改称）を開校する（『土佐藩』）。

一方、吉田はかつての失脚後に開いた少林塾の門下生など、「新おこぜ組」と呼ばれる改革派を中心に積極的に人材を登用した。そのなかには、高岡郡奉行に登用された福岡藤次（のちの孝弟）、幡多郡奉行に登用された後藤象二郎（吉田の義理の甥にあたる）らもいた（『吉田東洋』）。板垣は後年、吉田は非常な学者で門人も多数いたが、自らは無学であり、「吉田の関係は一向ございませぬ」と回想している（「維新前後経歴談」）。

しかし、吉田は門下生ではない板垣を評価していた。万延元年八月一二日に免奉行加役（徴税官補佐役）、九月三〇日には免奉行に板垣を登用する（『御侍中先祖書系図牒』）。吉田は一〇月一〇日付の後藤宛書簡で、板垣が若く元気盛り（二四歳）で志も盛んであり、大いに将来の望みがあると述べている。一方、板垣がいまだに死生の間に心を用い、若年の気性が去らないため、後藤から議論してもらえれば、本人にとって大いに有益であろうとも指摘していた（『伯爵後藤象二郎』）。

文久元年一〇月二五日、板垣は江戸御留守居御内用役を藩から命じられ、江戸へ向かう（『御侍中先祖書系図牒』）。同年三月二九日には、吉田は江戸の山内容堂に書簡を送り、容堂が品定めしたとおり、板垣は少年（若輩）であるが、気性はよろしく追々練磨していけば役に立つと述べている。吉田は板垣の将来性に引き続き期待していた（『吉田東洋遺稿』）。

2　倒幕への道——西郷隆盛との「密約」

土佐藩内の政治抗争

土佐藩では、吉田東洋を中心とする改革派に対して旧来の門閥を中心とする保守派と文久元（一八六一）年八月に結成された、いわゆる「土佐勤王党」が反発を強めていた。武市半平太（瑞山）を領袖とする、郷士など下士中心の土佐勤王党は尊王攘夷を掲げており、藩政の実権を握って開国論の立場から富国強兵政策を推進する吉田を敵視していた。

隠居の山内容堂も開国論を唱え、公武合体のうえ、朝廷が幕府に庶政を委任し、幕府が朝廷を推戴すべきと考えていた（『中山忠能履歴資料』四）。こうした容堂の開国論・公武合体論は吉田の改革にも反映されていたのである。

文久二年四月八日、吉田は藩主山内豊範への御前講義を終えて高知城から帰宅途中に暗殺される。吉田を暗殺したのは、武市半平太の指示を受けた那須信吾、安岡嘉助、大石団蔵の三人であった。吉田の暗殺後、執政福岡宮内（孝茂）、深尾弘人（蕃顕）以下改革派は免職となり、豊範の近習目付後藤象二郎なども免職となった。

一方、保守派の山内下総（佐成）、桐間蔵人（清卓）、五藤内蔵助（正身）が執政に、武市

らに近い平井善之丞（政実）、小南五郎右衛門（良和）も大目付に任命されたが、その大部分は保守派であった（『土佐藩』）。

四月二一日に吉田暗殺の一報を受けた山内容堂は激怒したが、二五日、幕府からの謹慎処分を解かれ、公的に復権する（『寺村左膳道成日記』一）。

一方、板垣は五月二〇日付の片岡健吉宛書簡で吉田暗殺に驚愕し、土佐の役人が暗殺事件に恐怖していることに慷慨している（『土佐維新史料』書翰篇三）。しかし、板垣は国体を改めるとき変事が生じることは覚悟すべきであるとし、賊徒の首を斬って人々へ示すことでかえって国が安定すると述べていた。

文久二年一〇月、板垣はしきりに他藩人と面会し、攘夷を唱える者を信用する一方、豊範にも時々意見を言上していたようである。また、板垣は朝廷の御趣意を遵奉して「攘夷之議」を可決し、幕府がもし天皇の勅命を遵奉しなければ、幕府を天皇の命令に背いた違勅の罪に問うことも辞さないとの強硬論を主張していた（『寺村左膳道成日記』一）。

一二月二三日、板垣は山内容堂に仕える御隠居様御側御用役となった（『御侍中先祖書系図牒』）。公武合体派で吉田の政治改革を支持していた容堂だったが、尊王攘夷を唱える板垣や小南五郎右衛門を御隠居様御側御用役に登用している。同役の寺村左膳（道成）は板垣や小南の登用を危ぶんだが、容堂は両人を「有為之才（役に立つ才能）」があると見ていた（『寺村左膳道成日記』四一）。このように、吉田だけでなく、容堂もまた自らの意に沿わない、あるいは政治路線の異なる板垣に才能を垣間見て登用したのである。

山内容堂の上洛と帰国

少し話を戻すが、文久二（一八六二）年四月、薩摩藩主島津茂久（忠義）の実父島津久光が兵を率いて上洛、五月二二日に勅使大原重徳を擁して江戸へ出発し、幕府に幕政改革を迫った。その成功を見た武市半平太らは公家の中山忠能、正親町三条実愛、三条実美を軸に京都での政治工作を展開する。山内容堂、土佐藩主山内豊範と三条実美はそれぞれが従兄弟であり、容堂夫人は実美の父実萬の養女であったため、三条とは義理の兄弟でもあった。武市は三条らに働きかけ、三条から山内豊範に上洛を促し、さらに孝明天皇の御内沙汰を豊範に下した。その結果、八月二五日、藩主豊範は藩士とともに上洛し、朝廷より京都警衛の御内沙汰が下されたのである（『三条実美』）。

一〇月一二日、幕府に攘夷を迫る勅使三条実美が江戸へ出発し、山内豊範も藩士五〇〇名を連れて随行した。一二月五日、幕府は勅使の要求する攘夷実行を受け入れた。このときが武市らの最盛期であったといえよう。

一方、容堂は文久三年一月一〇日、将軍上洛の前に、朝廷および幕府からの依頼を受けて、海路江戸を出発、京都に向かった。その直前の一月九日、薩摩藩士大久保一蔵（のちの利通）は容堂に面会し、三条や長州の尊攘派、武市らが容堂を尊王攘夷に引き入れようとしているとして、その決心を確認している。容堂は越前藩前藩主松平慶永（春嶽）、島津久光の上洛を待って朝廷に奉答すると答え、屍を京都にさらすとの不動の決意を示した。その際に、容堂の側近には「正義之者」として板垣とその盟友小笠原唯八がおり、両名は主君の決意を聞いて、純粋に涙を流している。大久保は、君臣の関係、さすがに殊勝に見受けられると久光側近の中山中左衛門宛の書簡で板垣らを褒めている（『大久保利通文書』一）。

また、板垣は上京に際して容堂の護衛に同志五〇人を引き連れることを提案し、土佐勤王党が暗殺を一人実行した場合、こちらはその巨魁（武市半平太）を殺すとふれ回り、抗議に来た武市を追い返したとされる（「維新前後経歴談」）。板垣の後年の回想ではあるが、吉田暗殺以来、急進化する下士中心の土佐勤王党に対して、容堂の側近であった板垣が反発した様子がうかがえよう。

板垣も容堂に随行し、福岡藩より借用した蒸気船大鵬丸で上洛した。容堂一行は海路大坂に到着、一月二五日に京都に入った。容堂は将軍後見職一橋慶喜や政事総裁職松平春嶽とともに公武和協の実現に努めた。

三月四日、一四代将軍徳川家茂が上洛、三月七日御所に参内した。将軍家茂は孝明天皇の庶政委任の勅命に感謝する一方、長州藩など攘夷派が主張する攘夷実行（五月一〇日期限）や親兵設置などを約束する。こうした展開に憤った山内容堂は三月二六日、板垣らを随行させて京都を出発、四月一二日に高知に到着した（『山内容堂』）。そして、容堂は四月二六日に板垣を御隠居様御側御用役および兼帯職ともに罷免する（『御侍中先祖書系図牒』）。

容堂は板垣の尊王攘夷論に冷淡であり、帰国後に吉田東洋の改革派を登用し始めた。これに対して、板垣が藩内の軋轢（あつれき）を恐れて、改革派を登用しないよう、容堂に進言したことも罷免の背景にあったようである（「維新前後経歴談」）。

八月一八日の政変、江戸への出発

文久三（一八六三）年八月一八日、薩摩藩・会津藩を中心とする公武合体派は長州藩を中心とする尊王攘夷派や三条実美ら七人の公卿を京都から追放する政変を断行した。いわゆる八月一八日の政変である。

尊王攘夷派がこの政変によって大打撃を蒙（こうむ）ると、容堂は土佐勤王党の弾圧に乗り出し、九月二一日には武市半平太が京都で捕縛されるなど、関係者の捕縛が開始された。

一方、板垣は武市捕縛の同日、再び容堂の側近である、御隠居様御側御用役に登用された。その直後、板垣は御側御用役を解任されたが、一〇月四日に軍事職の御馬廻組頭（深尾丹波（ふかおたんば）

組）に任ぜられている（『御侍中先祖書系図牒』）。

元治元（一八六四）年七月二四日、板垣は町奉行に就任し（『御侍中先祖書系図牒』）、八月一一日に武市らを審理する大目付を兼任した。板垣は武市の尋問を一度実施したが、首領である武市に白状させて罪を明らかにし、他の人々はあまり深く究明しないと述べている（『武市瑞山関係文書』一）。

慶応元（一八六五）年閏五月一一日武市は切腹したが、板垣自身はその五ヵ月前の元治二年一月一四日に大目付・軍備御用兼帯を解任されている（『御侍中先祖書系図牒』）。板垣自身は思想的に近い土佐勤王党関係者の処刑には消極的であったようであり、武市が処刑される前の解任はそのあらわれともされる（『無形板垣退助』）。

慶応二年五月一三日、板垣は学問と洋式騎兵修行のため江戸へ出発しており（『御侍中先祖書系図牒』）、江戸では幕臣の倉橋長門守、深尾政五郎の下でオランダの翻訳書を研究しながら、騎兵の戦術を学んだようである（「維新前後経歴談」）。実際に、翌年二月一七日、板垣は高知の片岡健吉・宍戸直馬宛の書簡で遅ればせながら勉強し、世人の倍も苦心している旨を述べている（「板垣会所蔵資料紹介」）。

さらに、板垣は慶応元年九月一六日の片岡健吉宛書簡で英仏蘭米の四ヵ国連合艦隊が大坂湾に迫って神戸開港を要求した結果、孝明天皇が兵庫開港を除く日米修好通商条約を勅許した、四ヵ国連合艦隊摂海侵入事件に関する土佐藩や幕府の対応を報じている。板垣は外国艦隊が上京中の将軍を脅していると看破し、弱腰の幕府はたとえ降参することはあっても連合艦隊に戦端を開くなど思いもよらないと批判していた（『土佐維新史料』書翰篇三）。

倒幕の密約と薩土盟約

慶応二（一八六六）年一二月、江戸滞在中の板垣は水戸浪士中村勇吉らを築地の土佐藩邸にかくまう一方、慶応三年一月には薩摩藩士吉井幸輔（友実）と面会した。吉井とは板垣の第一回目、五年前の江戸滞在以来の仲とされ、吉井は薩摩と土佐を協力させようとした。板垣も公武合体論の山内容堂に倒幕論の立場から諫言しようと決意したようである（「維新前後経歴談」）。板垣は四ヵ国連合艦隊摂海侵入事件に対する幕府の弱腰外交をすでに批判しており、尊王倒幕派に転じた板垣の活躍が開始される。

慶応三年五月一九日、京都に到着した板垣は山内容堂に目通りを願い出たが、板垣の倒幕論は容堂の意に叶わず、目通りは実現しなかった（『寺村左膳道成日記』三）。

そこで、板垣は五月二一日に土佐藩浪人石川清之助（中岡慎太郎の変名）の仲介を経て、在京同志の谷守部（のちの干城、以下谷干城）、毛利恭助らとともに、薩摩藩の家老小松帯刀邸で小松、西郷吉之助（隆盛）、吉井幸輔と会談した。板垣はこの会談で三〇日以内に土佐藩で倒幕の兵を編制して京都に上洛すること、実現できなかった場合は板垣が切腹することを西郷らに約束したとされる（「維新前後経歴談」）。

同年五月二一日付西郷隆盛宛石川清之助書簡では、石川が「今日午後乾退助同道御議論に罷出度」と述べており、板垣と同伴して議論するため、大久保一蔵や吉井らとも面談したい旨を伝えている。この書簡は『板垣退助君伝』第一巻（一八九三年）に全文が模刻されて掲載され、「維新前後経歴談」や『板垣退助君伝記』にも全文が掲載された。

『板垣退助君伝』第一巻の編纂者で板垣の側近、栗原亮一は『板垣退助君伝』を執筆する際に、同じ自由党衆議院議員の長谷場純孝から情報を得て、当時の所蔵者徳富蘇峰から書簡を借用・模刻している。栗原はこの石川書簡を板垣の伝記編纂に関係の深い人物の史料として本文中に挿入したいと述べており、板垣と西郷が倒幕を密約した会談に関する史料をいかに重視したかが読み取れよう（『明治期の立憲政治と政党』）。つまり、「倒幕派」板垣退助が薩摩の西郷隆盛と倒幕の誓いをする歴史的事件としてこの場面は描かれている。

しかし、この盟約は板垣らと西郷らが個人の資格で結んだものであり、藩を代表した盟約とはいえない。歴史教科書に掲載されている、薩摩と土佐のいわゆる薩土盟約は一ヵ月後の慶応三年六月二二日に坂本龍馬・中岡慎太郎の仲介で、土佐藩の後藤象二郎・福岡孝弟らと、薩摩藩の小松帯刀・西郷吉之助・大久保一蔵らの間で盟約されている。その内容は大政奉還と将軍職の廃止による公議政体を目指すものであった。

一方、倒幕派の谷干城は薩土盟約の主旨四ヵ条にある王政復古や幕府・将軍職の廃止を西郷との密約の延長線上に理解し、薩土盟約を薩摩と土佐の挙兵倒幕のための盟約と考えていた（『谷干城』）。そして、板垣と小笠原唯八も脱藩趣意書の草案を認めていたようであり、板垣らは藩という枠組みから突出する動きを見せていた（『土佐維新史料』書翰篇一）。

だが、土佐藩では佐幕的傾向の強い守旧党が勢力を拡大しており、山内容堂も後藤の大政奉還を支持して、出兵を許可しなかった。谷らは薩摩藩の挙兵に期待し、これに呼応することで土佐藩の実権を「守旧党」から奪おうとしていたが（『谷干城』）、板垣らが約束した三〇日以内の挙兵・上洛も実現しなかった。なお、板垣は西郷との会談で土佐藩江戸藩邸にかくまっていた浪士たちを薩摩藩で受け入れてもらうことにしているが、これがのちの鳥羽伏見の戦いの一因となる。

倒幕挙兵のための兵制改革

五月二二日、板垣は山内容堂に京都で謁見、幕府の失政を批判して朝廷から政令が統一して出るようにし、やむを得ないときは兵力を用いる決心をするように諫言したとされる。さらに、板垣は容堂の決心がなければ、「薩長の門に御馬を繋ぐ（薩長に屈服する）」ことになると直言したと回想している。なお、板垣はこのときに容堂に土佐藩邸で浪人をかくまった旨についても話している（「維新前後経歴談」）。

慶応三年五月より開催されていた、薩摩藩の島津久光、土佐藩の前藩主山内容堂、越前藩前藩主の松平春嶽、宇和島藩前藩主の伊達宗城が兵庫開港などについて協議した「四侯会議」は暗礁に乗り上げた。五月二七日、容堂は京都を出発して土佐へ帰国、板垣もこれに随行した。

六月一三日、板垣は軍備御用兼帯の大目付で仕置格、七月二四日には仕置役へと昇進し、軍備御用兼帯藩校致道館掛などを兼職し、土佐藩の執政に加えて、軍政と軍事教育を掌握した（『御侍中先祖書系図牒』）。

七月、土佐藩は銃隊設置の藩令を下し、画期的な兵制改革を実施した。弓術を軍備から外し、鉄砲を軽視してきた上士身分を、本来下士が配置された銃隊に編制するという指令である（『保古飛呂比　佐佐木高行日記』二。以下、『保古飛呂比』と略す）。第二次長州征討（幕長戦争）では、長州藩が施条銃（ライフル）を装備した銃隊を編制し、散開して遮蔽物から射撃する散兵戦術を採用して幕府軍に勝利した。さらに、のちの戊辰戦争では、薩長の軍事改革派が明治新政府軍に参加する大名軍役の動員基準として施条銃（ライフル）段階の洋式軍制を位置づけ、各藩はこれにならったのである（『戊辰戦争』）。土佐藩もこうした動きに敏感に反応し、兵制改革を実施したといえよう。

この改革の際、板垣は上士の抵抗を排除する一方、士格別選隊（隊長片岡健吉）、徒士隊（隊長山田喜久馬〔のちに平左衛門〕、二川元助〔のちに阪井重季〕）、足軽隊（隊長山地忠七、祖父江可成〔のちに土屋可成〕、北村長兵衛〔のちに北村重頼〕）を編制し、自らに近い隊長を任命して倒幕挙兵の基盤をつくることに成功する（『板垣退助君伝記』一巻）。

大政奉還か武力倒幕か

七月八日、京都から高知に帰着した後藤象二郎は将軍が自発的に政権を奉還する大政奉還論を山内容堂に進言した。これに対して、容堂は後藤の献策を喜び、公武合体も政令帰一（政令を統一して朝廷から下す）が眼目であるとし、政権奉還に賛成した（『山内容堂』）。

翌七月九日、後藤象二郎、寺村左膳は容堂だけでなく、藩主山内豊範にも大政奉還論を言上し、その賛成を得た。藩庁のなかでただ一人異論を唱えたのは板垣だったが、寺村は板垣が武力倒幕を主張する薩摩藩の論に近いと見ていた。しかし最終的には板垣も大政奉還論に同意する（『寺村左膳道成日記』三）。

八月二〇日には、家老以下、有司が高知城に登城して、山内豊範から近々土佐藩から朝廷・幕府に建白すること、その際には命令に従うことが命じられた。そして、同日夕方には、散田御殿で山内容堂から大政奉還の趣旨が藩重役に伝達され、後藤、寺村に建白の次第が委任された。こうして、土佐藩の藩論は大政奉還に一致したかに見えた（『寺村左膳道成日記』三）。

一方、板垣は「倒幕攘夷」を唱えて藩内の少壮派を煽動、容堂の意に沿わない邪魔者となりつつあった。大政奉還建白で藩論が統一された八月二〇日、容堂の意向により、土佐藩は板垣にアメリカ出張を命じた。さらに、翌二一日、板垣は軍備御用などの兼帯職も免職となっているが、アメリカ出張は断ったようである。

九月九日、寺村左膳は刀鍛冶の豊永久左衛門から、板垣が浪士を土佐藩邸にかくまい薩摩藩が京都で挙兵した際は、板垣らの一党が東国で挙兵するとの告発を聞いた（『寺村左膳道成日記』三）。豊永は板垣が浪士中村勇吉に宛てた書簡の写を所有しており、これを聞いた後藤象二郎は容堂がこの写を見れば、とても板垣の命は助からないと心配するほどであった（『土佐維新史料』書翰篇一）。

後藤の心配する様子を見ていた清岡半四郎（公張）は、土佐勤王党の一員であった島村寿太郎（祐四郎・洲平）に板垣を脱藩させることを提案し、島村も板垣に土佐藩から脱藩するように勧めた。だが、板垣は容堂の御側御用役、西野彦四郎（友保）に弁解し、自らはこの件を容堂に申し上げており、すでに覚悟はしていると述べた。これに対して容堂は板垣という男は過激なことをするが、国のため、あるいは主君のためにやっていると述べたため、命拾いしたという（「維新前後経歴談」）。

こうした逸話が残るほど、大政奉還が主流となった土佐藩では、尊王倒幕派である板垣の地位は危うく、変動を繰り返していた。その後も九月二九日に板垣は歩兵大隊司令となるが、一〇月八日には解任される。さらに、一五代将軍徳川慶喜が朝廷に大政奉還を行った一〇月一四日の五日後の一九日には、仕置役などすべての役職を解任されることになる。

3　迅衝隊の司令官――甲州、日光、会津への進攻

鳥羽伏見の戦いと土佐藩の参戦

慶応三（一八六七）年一二月九日、王政復古の大号令が発せられた。従来の幕府や摂政・関白などの朝廷機構が廃止され、新たに総裁・議定・参与の三職が設置された。この夜に開催された小御所会議で議定となった山内容堂は大政奉還を行った前将軍徳川慶喜を弁護し、参与の岩倉具視と激しく対立したが、徳川慶喜の辞官・納地が決定される。

一方、二条城から大坂城に退いた徳川慶喜と会津・桑名など譜代諸藩を含めた旧幕府軍は大坂に集結し、京都を制圧した薩摩・長州などの兵力と対峙した。他方で、薩摩藩士の益満（ますみつ）

休之助・伊牟田尚平らは江戸の薩摩藩邸を拠点として浪士約三〇〇名を集め、落合直亮・相楽総三らに統括させて関東各地で攪乱工作をさせる。その結果、一二月二五日に江戸の市内警衛の任にあった庄内・松山（庄内支藩）藩兵が薩摩藩邸を攻撃した（『戊辰戦争』）。これが鳥羽伏見の戦いの契機となった。

慶応四（一八六八）年一月三日、大坂から京都を目指す旧幕府軍と薩摩・長州の両軍が衝突し、鳥羽伏見の戦いが始まった。山内容堂はこれを薩摩・長州藩軍と旧幕府軍に加わった会津・桑名藩軍の私闘とし、在京する土佐藩兵の戦闘参加を厳禁した。

ところが、一月四日未明、薩長軍とともに伏見を警備していた土佐藩の山田喜久馬の小隊と吉松速之助の小隊が戦闘に参加、さらに来援した二川元助、山地忠七の小隊、北村長兵衛の砲隊も山内容堂の参戦禁止命令を無視して参戦する（『板垣退助君伝記』一巻）。彼らは板垣に近く、板垣が土佐藩の兵制改革で任命した隊長たちであった。

「板垣退助」の誕生と甲斐国の平定

鳥羽伏見の戦いは薩摩・長州を中心とする新政府軍の圧勝に終わり、一月六日に前将軍徳川慶喜は大坂城を脱出、海路江戸へ逃走した。

一月七日、明治新政府は徳川慶喜追討令を発布、東海道、東山道、北陸道の鎮撫総督がそ

迅衝隊幹部たち　前列中央が板垣退助，中列左から２人目が谷干城，中央左から３人目が山田平左衛門，後列左端が片岡健吉

れぞれ任命された。二月三日に天皇親征の方針が示されると、六日、鎮撫総督は先鋒総督兼鎮撫使と改称され、東征大総督に任命された有栖川宮熾仁親王（ありすがわのみやたるひとしんのう）の指揮下に入った（『戊辰戦争』）。

一方、高知では、板垣が一月八日に土佐藩の迅衝隊（じんしょうたい）大隊司令兼仕置格に任命された。迅衝隊は郷士を主体とした特別編制の部隊（約六〇〇余名）であり、総督に深尾丹波、大目付に小南五郎右衛門と森田権次、右半大隊司令に片岡健吉、左半大隊司令に祖父江可成、小軍監に谷干城と谷兎毛という布陣であった（『谷干城遺稿』一）。

一月一三日に高知を出発した迅衝隊は二〇日に朝敵とされた譜代の高松藩を降伏させ、海路大坂を経由して一月二八日に京都に入っ

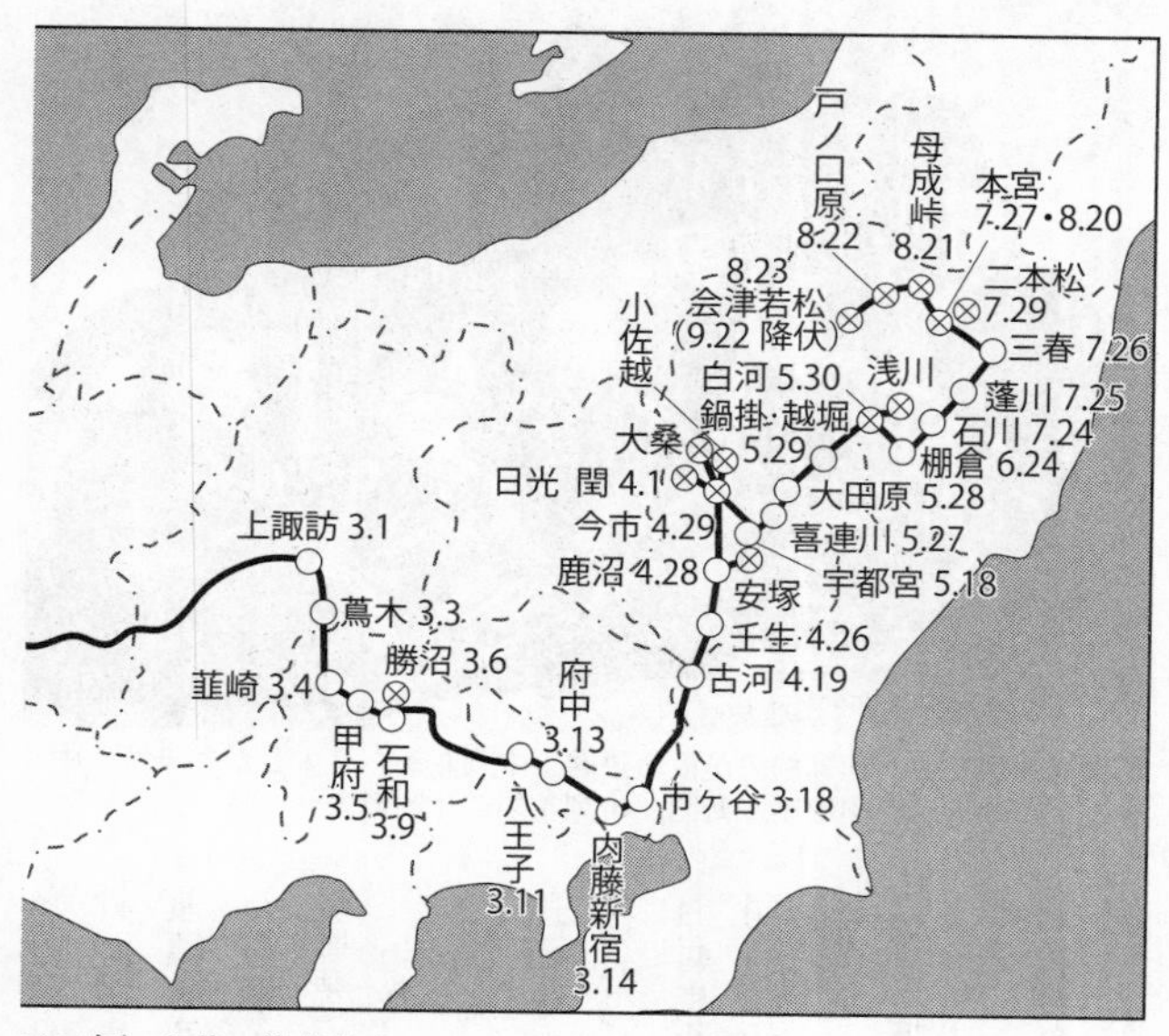

1994年）を基に筆者作成

た。板垣と小南五郎右衛門が山内容堂を説得し、容堂周辺の佐幕派は失脚、土佐藩の藩論は武力倒幕へと統一された。

二月九日、板垣退助は東山道先鋒総督府参謀に任命され、迅衝隊総督を兼ねることとなった。当時、板垣は三二歳。迅衝隊は名実ともに司令官板垣の指揮下に入り、土佐藩の中核部隊として戊辰戦争を戦うこととなる。

同時に迅衝隊の改編も行われ、大軍監に谷干城が任命され、右半大隊司令の片岡健吉が大軍監を兼ねた。また、鳥羽伏見の戦いに参戦し、その後命令違反に

戊辰戦争における土佐藩東征軍の行動

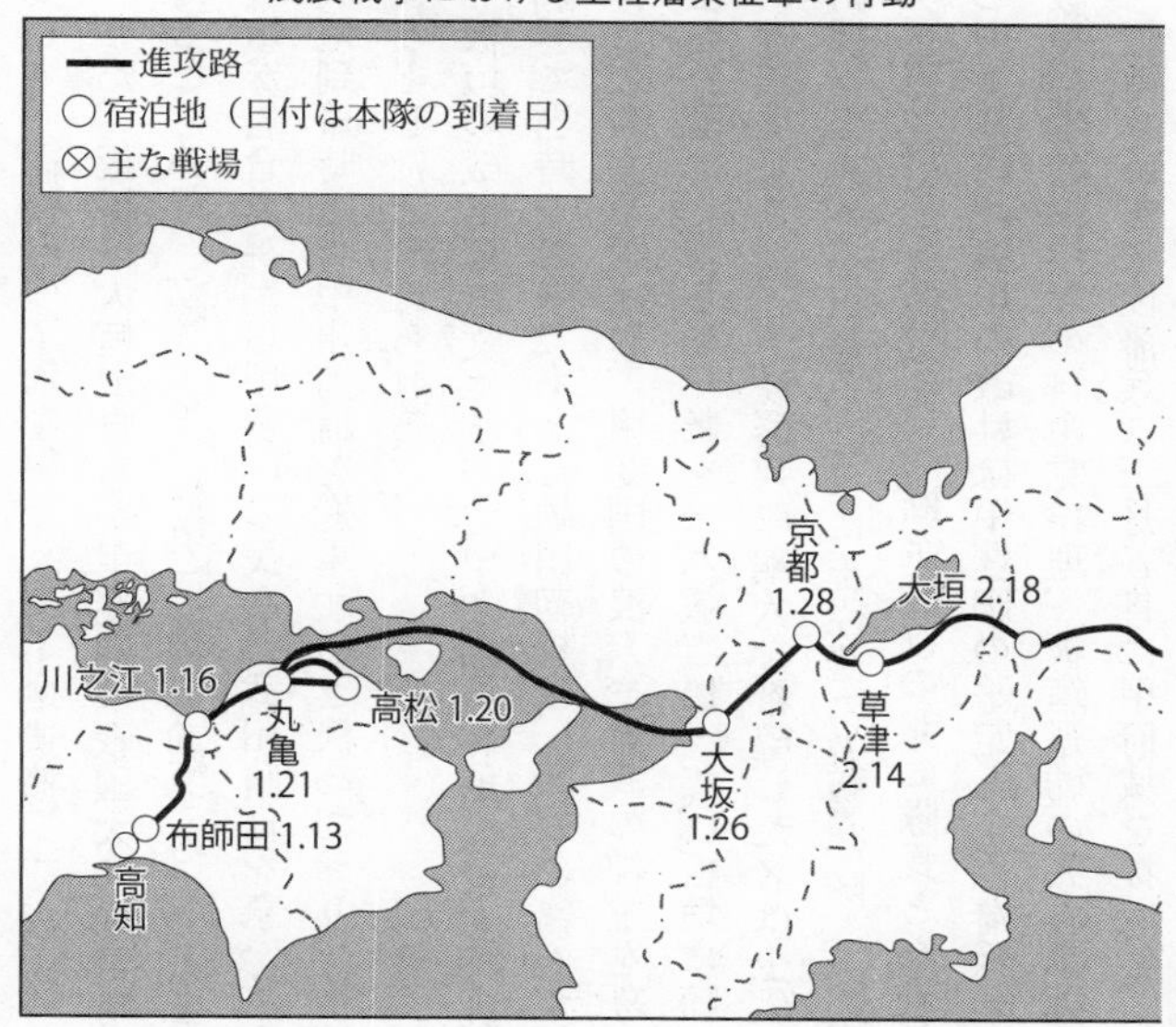

出典：高知市立自由民権記念館編集・発行『板垣退助』（西村謄写堂，

問われながら板垣に助命された山田喜久馬も第九番隊長となった（『土佐藩戊辰戦争資料集成』）。片岡と山田はのちに板垣を支える自由党土佐派の中核メンバーとなる。

二月一四日、土佐藩迅衝隊は京都を出発、東山道先鋒総督岩倉具定（ともさだ）率いる東山道軍に従い、二月一八日美濃国大垣に到着した。大垣で板垣は谷干城の進言を採用し、東山道軍を碓氷峠から高崎などを経て江戸に入る本軍と自らが指揮して甲州街道から江戸に入る別働隊（土佐藩・鳥取藩）の二手に分ける案を提案して、総督府の了承を得た（『谷干城遺稿』一）。

また、板垣は大垣で自らが甲斐国の戦国大名武田晴信（信玄）の老臣板垣信方の末裔にあたることから、「乾」を「板垣」姓に改姓する（『土佐藩戊辰戦争資料集成』）。その背景には、板垣が岩倉具視から甲斐国の民心が武田晴信を慕っていると教えられたことがある。板垣は大垣到着時点で甲州街道を進軍すると決めており、板垣信方の末裔を名乗って民心を掌握しようとしたと考えられる。

板垣の改姓は檄文によって甲斐国の各地に伝えられた。甲斐国巨摩郡下円井村の神主の嫡男で当時一五歳であった歌田靭雄は、機知に富んだ板垣が自身を板垣信方の子孫であると称して檄文を飛ばし、甲斐国の浪人や兼武の神主を募ったと記録している。歌田は板垣と面会した際に、自らの年齢を一八歳と偽って、板垣に随行した（『土佐藩戊辰戦争資料集成』）。

歌田のように、土佐藩兵に編入を希望した者は土佐藩士大石弥太郎（円）、美正貫一郎の指揮下に入り、三月一七日に土佐藩の遊撃部隊「断金隊」を結成した（命名者は岩倉具定、美正貫一郎など諸説あり）。断金隊はのちに隊長となった美正の指揮の下、各地で活躍する。このように、板垣の改姓は甲斐国の平定と土佐藩兵への支持拡大に大きな効果を発揮した。板垣の改姓はのちの自由党総理、板垣退助の人心掌握術の一端を示したといえよう。

板垣率いる土佐藩兵は三月五日に甲府城を接収し、三月六日新選組隊長近藤勇率いる旧幕府軍の甲陽鎮撫隊を勝沼の戦いで撃破した。三月一八日に江戸市ヶ谷の尾張藩邸に入った土佐藩兵はその後も北関東、東北地方と転戦する。

「日光の恩人」板垣伝説の誕生

四月一一日には江戸城が無血開城され、徳川慶喜は水戸で謹慎処分となった。しかし、歩兵奉行大鳥圭介（おおとりけいすけ）率いる旧幕府軍（一説には約二〇〇〇）は江戸を脱走し、北関東を転戦した（『戊辰戦争』）。これに対して、板垣率いる土佐藩兵は大鳥らが敗走した日光に迫った。

板垣は日光東照宮の焼失を惜しみ、日光東照宮の末寺の僧宇都宮厳亮を諭して、大鳥らに日光から退去して決戦するように促した（『史談会速記録』合本三三）。また、谷干城も日光から下山した二名の僧侶を通じて、退去して決戦するか、降伏するかを選択するように大鳥らに勧告した（『谷干城遺稿』一）。

ところが、『板垣退助君伝』第一巻では日光山へ放火すべきと主張する土佐藩兵を板垣が諫（いさ）めたとする。だが、谷干城は山内容堂が粗暴過激の言を戒めたことから土佐藩兵が放火を主張するはずはなく、『板垣退助君伝』は板垣の功績を誇張しているとその記述を否定している（『谷干城遺稿』一）。こうした食い違いは『板垣退助君伝』の長大な戊辰戦争の記述が板垣を称賛する目的で書かれたためと考えられる（「戊辰戦争の歴史叙述」）。

一方、大鳥の旧幕府軍にも弾薬の欠乏と会津藩兵の撤退、日光奉行の非協力的態度、元老中板倉勝静(いたくらかつきよ)らの説得などの諸事情があり、四月二八日から二九日(一説には閏四月一日)にかけて日光を退去した(『幕末実戦史』、『明治維新と日光』)。

このようないくつかの要因が重なって、板垣は日光東照宮の焼失を救った「日光の恩人」となる。のちに述べるが、一九二九年一二月には軍人姿の銅像が日光に建設されることとなる(第五章参照)。

河野広中(1849〜1923)

五月一日、新政府軍によって会津・仙台・棚倉藩兵などが守備する白河城が攻略され、五月末には、板垣率いる土佐藩兵が新政府軍に来援した。

六月二四日に棚倉城が陥落し、七月六日、板垣は三春(みはる)藩の勤王派で魚問屋の河野卯右衛門(こうのうえもん)(広胖(ひろやす))、影山東吾らと会見した。当時、三春藩は奥羽越列藩同盟に参加していたが、奥羽越列藩同盟と新政府軍の間で動揺しており、勤王派の河野らは新政府軍に帰順するため、板垣と会見し陳情書を手渡した(『河野広中』、『土佐藩戊辰戦争資料集成』)。その後、河野卯右衛門は一度帰藩して同志に状況を報告し、藩の使節として重臣の秋田主計(あきたかずえ)らとともに棚倉に戻った。

一方、河野卯右衛門の弟、河野信次郎は七月二一日に断金隊隊長美正貫一郎を通じて板垣と初めて面会、敵情や地形を尋ねている（『河野磐州伝』上巻）。この河野信次郎が福島県の自由民権運動を主導し、初期議会期に板垣を院内総理として支えた河野広中（ひろなか）である。河野信次郎らは断金隊に入隊、二本松落城後は三春藩に戻り、三春藩兵の一員として従軍している（『河野磐州伝』上巻）。

七月二六日、明治新政府軍が三春城に迫ると、三春藩家老の秋田主税が城外に板垣を出迎え、三春藩は無血開城した。そして、新政府軍は七月二九日に二本松城を陥落させ、会津藩領に迫ったのである。

会津攻めと自由民権運動への開眼？

八月二一日、伊地知正治（いじちまさはる）（薩摩）、板垣退助両参謀を司令官とする薩摩、長州、土佐、大垣などの藩兵約二〇〇〇から三〇〇〇名が母成峠（ぼなりとうげ）を攻撃、二三日には会津若松城下に突入した（『戊辰戦争』）。

八月二三日の戦いでは、会津藩の抵抗も激しく、板垣の盟友大軍監牧野群馬（旧名小笠原唯八）、迅衝隊三番隊長小笠原謙吉兄弟や五番隊長宮﨑合助が戦死するなど、土佐藩も多数の死傷者を出している。板垣は狼狽（ろうばい）して敗走する兵士を抜刀叱咤（しった）して激励した（『土佐藩戊辰戦争資料集成』）。会津藩兵はその後も籠城して抗戦し、約一ヵ月後の九月二二日に降伏する。この会津攻めは板垣にとって生涯の重大事件であったが、その経験が自由民権運動に開眼する契機になったという逸話（以下、「会津開城の逸話」）が板垣退助監修『自由党史』上巻の冒頭に記されている。

会津開城の逸話とは、戊辰戦争の際に会津藩の人民が主君を守ろうとせずに逃避した状況を見て、板垣が封建制度による上下の乖離が会津藩の滅亡を招いたと感じ、封建制度を否定するに至ったとする内容である。

『自由党史』によると、板垣はこの経験を基に、明治三（一八七〇）年一一月の伺書で士農工商の身分を平等にする、「人民平均」に基づく藩政改革を実施する。そして、国民の政治参加の拡大を掲げて、自由民権運動を展開したとされる（『自由党史』上巻）。

会津開城の逸話は、『自由党史』以前に刊行された『板垣退助君伝』第一巻でより詳細に記述されている。

会津藩の松平容保父子が戦いに敗れて妙国寺で謹慎中、土佐藩の二川元助らが護衛していたところ、一農夫が旧藩主に焼き芋を献上した。二川らが農夫の忠誠心を称賛したところ、板垣は戊辰戦争で会津藩を守るために戦ったのはわずか数千の藩士であり、人民は逃走してわずかに一農夫が芋を旧藩主父子に捧げたのみであると疑問を呈している。そして、板垣は今後の日本は武士だけでなく、四民均一の制度を立て、国家と苦楽を共にする必要性を主張する。

会津開城の逸話は、軍人板垣が戊辰戦争の経験を踏まえて四民平等に基づく藩政改革を実施し、その後自由民権運動を開始した転機として繰り返し説明される。

しかし、板垣に批判的な谷干城は一九〇七年の一代華族論争（第五章参照）で、『板垣退助君伝』第一巻の記述を否定し、証人である二川元助も板垣の発言を知らなかったと述べている（『谷干城遺稿』四）。

これに対して、板垣は自説を再展開しているが、この論争は「板垣が言った、言わない」論争の域を出ていない。会津開城の逸話については、第三章であらためて述べる。

いずれにせよ、戊辰戦争は改姓によって「板垣退助」を生み、戊辰戦争の英雄板垣が自由民権運動の指導者へ転身する契機として、自由党系の歴史に位置づけられた。

しかし、板垣が自由民権運動に開眼するのは、会津開城の逸話のように戊辰戦争からではない。次章で見るように、明治初年の政治抗争を経てのことである。

第二章　新政府の参議から民権運動へ

1　藩政改革での対立――家老格、大参事の時代

家老格への昇進と藩政改革

明治元（一八六八）年一〇月一九日、土佐藩兵は江戸から改称された東京の芝増上寺（しばぞうじょうじ）に置かれた本営に凱旋（がいせん）した。一一月一日、板垣ら土佐藩の幹部は明治天皇に拝謁し、板垣は御太刀料金三〇〇両や天杯などを下賜された。翌二日、東京を発した板垣ら土佐藩兵は海路を取って五日に高知に到着し、藩校致道館で藩主山内豊範の親閲を受けて解兵している（『土佐藩戊辰戦争資料集成』）。

一一月二三日、板垣は土佐藩の陸軍総督に任命され、家老格となり役領知七八〇石を与えられた（『御侍中先祖書系図牒』）。さらに、明治二年三月二五日、土佐藩の論功行賞で板垣は

あらためて家老格で加増六〇〇石、役領知二〇〇石を与えられている。

明治二年一月二〇日、薩摩、長州、土佐、肥前の四藩主から版籍奉還の建白書が提出され、六月一七日に実施された。その直前の六月二日に明治維新の論功行賞が実施されたが、薩摩・長州には永世禄一〇万石、土佐藩は永世禄四万石が与えられる。

土佐藩士では、板垣退助(永世禄一〇〇〇石)、後藤象二郎(永世禄一〇〇〇石)が最も多く、福岡孝弟(永世禄四〇〇石)がこれに続いた。

最高の西郷隆盛(薩摩)が二〇〇〇石、これに続く大久保利通(薩摩)、木戸孝允(長州)が一八〇〇石であったことを考えると、板垣の戊辰戦争における戦功は高く評価されたといえよう。

一方、板垣は明治二年三月二六日に東京へ出発、四月九日に新政府の参与に任命され、あらためて五月一三日には新政府の参与に公選された。山内容堂の威光を背景に、参与の後藤象二郎とともに高知藩(版籍奉還後、土佐藩から改称)の実権も握る。

一〇月二五日、板垣は高知藩権大参事・軍務局大幹事を兼任した(『御侍中先祖書系図牒』)。その結果、板垣や後藤は東京から高知藩に指令を出し、予算の配分も東京を第一として不公平であったとされる(『谷干城遺稿』一)。

これに対して、国元の高知藩では、知藩事山内豊範の下、高知藩少参事谷干城や片岡健吉らによる財政再建策が実施されていた。明治三年六月、谷と片岡は上京し、板垣や後藤に財政の緊縮と冗員・冗費の削減を説き、板垣らも大筋で了解した（『谷干城』）。

さらに、谷干城らは八月一日、緊縮財政・人員整理などの「一八ヶ条改革案」を提出した（『谷干城遺稿』一）。そして、藩札発行による山内豊資の新邸と洋風病院の建設を中止し、東京における高知藩役人の削減などの緊縮財政案を実行しようとしたため、板垣・後藤らは激しく反発して帰藩した。八月一四日、板垣にヨーロッパへの派遣命令が出ていたが、二七日に辞退したうえでの帰藩であった（『百官履歴』一）。このとき、板垣が推挙して外遊した人物が高知藩士で宿毛出身の林有造であり、のちに片岡健吉と並ぶ自由党土佐派の中心人物となる。

谷 干城（1837～1911）

帰藩した板垣、後藤は谷を無視して藩の高官を高知城二の丸に召集したが、激怒していた板垣は会議を欠席している。一〇月一九日に大参事（知藩事に次ぐ実務の統括者）に就任した板垣は緊縮財政案を否定して、失意の谷を罷免した。一方、片岡は権大参事に留任となっている。

谷の失脚は、藩政の充実と民の疲弊を憂慮した谷の「緊縮財政」と、全国政治に目を向け、開明化を主眼とする板垣、後藤の「積極財政」の争いであり、戊辰戦争以来の盟友であった板垣と谷の政治対立の原点となった（『谷干城』）。

「人民平均」による藩政改革の真実

明治新政府は身分制度の解体を目指したが、高知藩も身分制度改革を漸進的に実施した。明治二（一八六九）年一一月、高知藩は士族を旧格式で五等に分け、士族にも属せず、平民に編入しがたい部類に卒族の名称を与えてこれを三等に区分し、各等に上下の席を定めた（『無形板垣退助』）。

しかし、明治三年九月一〇日、明治政府が「藩制」という法令を布告し、士族・卒の階層以外に家格のような等級を認めなかったため、高知藩独自の士族等級制度は維持できなくなった。

一一月七日、知藩事山内豊範の名前で藩政改革に関する伺書を明治政府に提出した。戊辰戦争における「会津開城の逸話」で、四民平等に目覚めた板垣退助が「人民平均」によって高知藩の藩政改革を実施し、自由民権運動につながるとされた有名な伺書である。このストーリーを広めたのが、板垣自身が監修した『自由党史』であった。なお、伺書の執筆者は陽明学者で高知藩大属書記の奥宮慥斎（おくのみやぞうさい）であり、高知藩大参事の板垣と密接な関係にあった

（「奥宮慥斎と『人民平均の理』」）。

伺書は六ヵ条から構成される。それは、①「人民平均」の主旨により士族が文武の職を独占することを停止し、士族を人民の一族類とすること、②役人・軍人は士族だけでなく卒・平民から抜擢し、官給を支給すること、③士族の禄制を廃止し、禄券を発行して家産とみなすこと、④新たな常備軍を編制するため、士族に支給される禄を削減すること、⑤士族・卒・平民は呼称を区別するだけであり、農工商の職業と族称は関係しないこと、⑥藩庁は民政の統括機関であり、藩全体の戸籍を編製することである（『保古飛呂比』四）。

これに対して、明治政府は全国での実施はなお議論を尽くすとしながらも、高知藩のみの実行を許可した。一二月二四日、高知藩では卒族を一代限りの平民と見なし、士族の法に準じて禄券を発行する条文を加えた七ヵ条の改革令を布告する。一方、旧来の士族の特権・格式の規定を廃止した。

具体的には、士族の無礼討ちを禁止し、身分による服装の差別を廃止した。また、廃刀の自由、禁止されていた平民の乗馬も認めている（『保古飛呂比』四）。

このように、高知藩の伺書は士族が独占してきた文武の職を平民にも開放し、平民を役人や軍人にも抜擢するなど、近世来の身分制度を変革した先進的な藩政改革であった。そして、それは従来の士族特権や格式の廃止にまで及んだ。

佐佐木高行（1830～1910）

しかし、『自由党史』の叙述とは異なり、伺書提出に至る過程で士族の等級制度廃止に抵抗したのは、板垣自身であった。「藩制」布告三ヵ月前の六月、板垣は士族等級制の廃止について家格が厳格な高知藩では困難であるとしたうえで、藩主一族から足軽までが士族の一等級にまとめられては、とても人心が落ち着かず、たちまち破綻するだろうと佐佐木高行に嘆いている（『保古飛呂比』四）。

九月、明治政府によって実際に「藩制」が布告されると、高知藩は藩主一族から足軽までを一等級の士族とするのかどうか確認を求めた。その際に士族を上下に分けることは認められるかどうかを明治政府に問い合わせたが、明治政府は士族の等級は認めないと高知藩に返答している（『保古飛呂比』四）。それでは、なぜ板垣は身分制度の廃止につながる伺書を提出したのであろうか。

佐佐木高行は藩政改革の原因を板垣が士族等級制度の廃止に反対したことにあるという。板垣は士族に上下の等級を設けようとしたが、政府に却下されたため、困惑の末に身分制度の破壊という「大浩水」（大洪水）の処置を取るしかなくなったと回想している（『保古飛呂比』四）。これを踏まえて、松沢裕作は板垣が戊辰戦争の功労によって獲得した自身の家格に固執した結果、政治参加の資格を有能な人物の抜擢という原理に転換して、自らがそこで優位を占めるために身分制の解体に至ったと鋭く指摘している（『自由民権運動』）。

一方、板垣の目的は士族の特権維持であり、士族等級制は廃止したものの、家禄の家産化という形で目的の一部を果たしたとの評価も存在する（『士族反乱の研究』、「『人民平均の理』」）。このように、高知藩の「人民平均」に基づく藩政改革の評価は分かれているが、『自由党史』のように、自由民権運動と直結させるのは誤りといえよう。しかし、その理念は彦根藩などで高く評価され、高知藩の事例を採用した改革が各地で実施されていく（『幕末維新期の政治改革と「民政学」』）。

廃藩置県の実施と参議就任

明治三年一二月一五日、勅使岩倉具視とこれに随行した大久保利通、木戸孝允が大坂を出発、二二日に薩摩の島津久光の代理となった知藩事島津忠義に天皇の勅書を授け、久光が大参事西郷隆盛とともに上京することを命じた。明治政府は中央政府の強化を重視しており、勅使一行は明治四年一月九日、長州の毛利敬親（もうりたかちか）にも上京を求め、薩摩・長州両藩の協力を取り付ける（『木戸孝允』）。

一方、西郷は岩倉から高知訪問の了承を得て、大久保、木戸らとともに一月一七日に高知の浦戸に入港、一八日には大参事板垣退助が木戸の宿所を訪問した。木戸は板垣が大いに時勢を観察して日本の前途に注目していること、また土佐藩の藩政改革を行ったことについても高く評価していた。一九日、板垣・福岡孝弟と西郷・木戸・大久保らは土佐藩政の中心機関であった寅賓館（旧開成館）で会談した。板垣は朝廷のために尽力する決意を示し、二〇日には板垣の上京が決定した（『木戸孝允日記』一）。

板垣退助

こうして、薩摩・長州に土佐が連携して政権を強化することとなった。西郷は第一に藩兵を朝廷に献上することを考えており、常備兵（御親兵）の三藩献兵を推進するもくろみがあった（『保古飛呂比』五）。

二月二日、板垣は西郷・木戸・大久保らとともに東京に戻り、二月八日には大久保・西郷・木戸とともに藩兵献上を建言した。これに対して、二月一三日、朝廷から藩兵献上の命令が薩長土三藩に下った。こうして、鹿児島（薩摩）藩歩兵四大隊・砲兵四隊（三一七四人）、山口（長州）藩歩兵三大隊（約二〇〇〇人）、高知（土佐）藩歩兵二大隊・砲兵二隊・騎兵二小隊（一七一〇人）からなる御親兵が確立し、廃藩置県を支えた軍事的基盤が形成される（『無形板垣退助』）。

七月一四日、薩長土三藩の御親兵が東京に集結するなか、廃藩置県の詔が発せられた。すべての旧藩主は知藩事を免職となり、藩が廃止されて府県が設置された。また、廃藩置県実施をうけ、官制改革が実行された（太政官三院制）。立法・行政・司法の最高決定権を持つ正院、立法を掌る左院、各省長官会議の右院が設置される。そして、参議西郷隆盛（薩摩）、木戸孝允（長州）に加えて、七月一四日に板垣も大隈重信（肥前）とともに新たに参議に就任した。

当時の参議は四名で構成され、天皇を輔弼する太政大臣・納言（のち左・右大臣）と正院を構成し、政治に参与する役割を担っていた。このとき、板垣三五歳であった。

一一月一二日、右大臣岩倉具視を特命全権大使、参議木戸孝允・大蔵卿大久保利通・工部大輔伊藤博文・外務少輔山口尚芳を副使とする、岩倉使節団が横浜を出発した。この間、留守政府の中心は三条実美太政大臣、参議の西郷隆盛、板垣退助、大隈重信であった（その後、後藤象二郎、江藤新平、大木喬任、副島種臣が参議に任命される）。

留守政府は使節団帰国まで、政府機構の改組や重要な改革などを行わない約束となっていた。しかし、課題山積のため留守政府は、太陽暦の採用、徴兵令の布告、学制の頒布などの改革を実施する。こうしたなかで浮上したのが、朝鮮との外交問題であった。

2 愛国公党から立志社設立へ——明治六年政変の蹉跌

板垣の「征韓論」と西郷隆盛の朝鮮派遣

明治元年一二月、明治政府は王政復古を通告するため朝鮮に使節を送ったが、朝鮮側が拒絶したため外交問題となった。これがのちに明治六年政変（征韓論政変）につながることになるのだが、最初に「征韓論」について発言したのは西郷隆盛ではなく、板垣退助であった。板垣は政変の三年前にすでに「征韓論」を唱えていた。

明治三年六月、板垣と後藤象二郎、佐佐木高行らが会談した際に、板垣は戊辰戦争で敗者となった東北の士族を先鋒として朝鮮を討伐すれば、人心が安定すると主張していた。板垣は現在の日本の兵力・装備は豊臣秀吉の朝鮮出兵のときよりも優れているが、財政難のため外債で戦争を行うと論じている。これに後藤は賛成したものの、佐佐木は大義名分のない戦（いくさ）をしかけ、軍資を外国に仰ぐのは後日の大患（大きな心配事）恐るべしと批判した（『保古飛呂比』四）。その後、「征韓論」は立ち消えになったようである。

一八七三（明治六）年五月、朝鮮釜山（プサン）にあった大日本公館駐在の外務省官員広津弘信（ひろつひろのぶ）は外務省に報告書を発送した。その内容は日本商人の密貿易を取り締まる朝鮮政府の掲示が大日本公館に掲示され、日本を「無法の国」と批判しているというものであった。これを受けて、外務省は広津が報告した掲示の写しを添えて朝鮮問題を閣議に提議する（『大久保利通と東アジア』）。

閣議の議事録などが残されていないため日時は特定できないが、六月末から七月はじめに開催された閣議で板垣は英仏の事例にならい、居留民保護の軍隊を派遣するように主張した。これに対して、西郷隆盛は軍隊の派遣に反対し、まず全権大使を派遣して談判することを主張する。三条実美太政大臣が全権大使の派遣に賛成する一方、大使に軍隊を随行させるよう述べたところ、西郷は軍隊の随行を不要としたうえで自らその全権大使を引き受ける（『自由党史』上巻）。西郷の意見に三条や他の参議も賛成したが、当時、外務卿の副島種臣が清国出張中で不在であり、この閣議では決定に至らなかった。

七月二九日、西郷は副島の帰国（七月二五日）を待って、板垣に書簡を送っている。西郷は板垣の即時派兵論に疑問を呈したうえで、自身の使節派遣を希望した。使節として派遣された場合、朝鮮側が西郷を「暴殺」することはわかりきっているため、「征韓」の大義名分が立つと考えたのである（『大西郷全集』二巻）。

八月一六日、西郷は三条を訪問して岩倉具視の帰国前に自身の使節派遣を決定するよう迫った。西郷は翌一七日の閣議を欠席したが、一六日に三条と面会した経緯について板垣に書簡で知らせ、閣議で西郷の使節派遣が決定するように依頼した（『大西郷全集』二巻）。

この書簡で、西郷は戦争をすぐさま始めるわけではなく、「戦は二段」になっていると説明している。先にも少しふれたが、ここでも西郷は使節が暴殺されることは間違いなく、そのときは天下の人が朝鮮を討つべき大義名分を知るので、ぜひここまで持ちこみたいとしたうえで、内乱を願う心を外国に向けることで「国を興すの遠略」になるとしていた。この点は、板垣が東北士族の不満を朝鮮に向けるとした明治三年の構想と類似しており、しかも西郷は「此末の処（このすえところ）」＝戦争は板垣に任せると伝えていた。西郷が板垣の軍事的才能を高く評価していたこと、征韓論をめぐる西郷と板垣の構想の類似性がうかがえよう。

八月一七日、閣議で西郷の朝鮮派遣が決定されたが、派遣の手順や時期などの詳細は未定であった。外征慎重派の三条実美は箱根で静養中の明治天皇に言上し、明治天皇から西郷の朝鮮派遣は岩倉の帰国を待って再議し、最終決定するとの聖断を引き出した。三条は閣議で西郷の朝鮮派遣という重大な方針を決定したが、留守政府では大きな改正を行わないとする岩倉使節団との約束もあり、「聖断」でひきもどしを図ったとされる（『三条実美』）。

しかし、西郷の朝鮮派遣を内決しただけと考える三条と、使節派遣が決定され再議はその確認に過ぎないと考える西郷との認識のずれは大きかった。翌八月一八日の閣議を欠席した西郷は三条からその内容を聞いたが、もう横棒（邪魔）の憂いもなく、生涯の愉快であると一九日付の書簡で板垣に書き送っている（『大西郷全集』二巻）。

明治六年政変の挫折

岩倉使節団のうち、すでに五月二六日に大久保利通、七月二三日に木戸孝允が帰国していた。九月一三日、全権大使岩倉具視は副使伊藤博文、山口尚芳らとともに帰国する。一方、三条実美は九月三日に内地優先派の参議木戸孝允と会見、閣議への出席を求めた。だが、八月三一日に馬車から落ちて負傷し、その後も頭痛に悩まされていた木戸は閣議を欠席し続けた（『木戸孝允』）。

そこで、三条と岩倉は大久保利通に参議就任を求め、大久保は一〇月一二日に西郷との対決を覚悟して就任する。大久保は西郷の使節派遣を政策として未熟と考え、日本と朝鮮の戦争につながると反対していた。使節即時派遣を目指す西郷に対し、大久保は西郷の使節派遣を延期することで、使節派遣論自体を崩壊させようとしたのである。この背景には、大久保が殖産興業政策による国家の富強を目標とする一方、これを財政的に阻害する清国や朝鮮との戦争を避けたいという東アジア政策があった（『大久保利通と東アジア』）。

一〇月一一日、自らの朝鮮派遣が正式決定されないことに業を煮やした西郷が三条に書簡を送った。西郷は使節派遣が反故にされれば、勅命を軽視することになると恫喝したうえで、西郷自身も鹿児島士族との約束を理由に自殺すると三条を脅迫した（『大西郷全集』二巻）。西郷の自殺表明自体が政府要人として異常であるが、極度に追いつめられた西郷の心理状態、体調不良が政変に影響していたのである（『西郷隆盛と幕末維新の政局』）。

一方、三条実美は政府分裂を回避しようと、一〇月一三日に西郷に近い板垣、副島両参議の抱き込みを図る一方、翌日には岩倉とともに西郷を訪問して妥協を得ようとした。しかし、板垣・副島からの支持を得られず、西郷訪問も中止する（『三条実美』）。

一〇月一四日、閣議が開催された。出席者は太政大臣三条と右大臣岩倉、参議の西郷、板垣、副島、江藤、後藤、大久保、大隈、大木であり、木戸は病気のために欠席していた。岩倉、大久保の朝鮮使節延期論に対して、西郷が反論、板垣、副島、後藤、江藤が西郷に賛成し、議論は翌日に持ち越された。

翌一〇月一五日の閣議では、木戸と西郷が欠席したが、西郷の使節派遣に反対したのは大久保利通のみであった。板垣と副島は積極的に西郷の使節派遣に賛成し、他の参議も西郷の意見に任せるというものであった。最終決定を委ねられた三条、岩倉は、結局この問題は西郷の進退に関わるとし、西郷の使節派遣賛成に転じる（『大久保利通日記』二）。

後日、板垣は親交の深かった宮島誠一郎（米沢藩出身・左院少議官）に朝鮮を急いで討つべきであるとした西郷の切迫した征韓論に対して、西郷が閣議で決裂した場合、国内も整わないことからむしろ西郷の「急撃」論に同意したと回想している。板垣は朝鮮との戦争に際しては目的を立てておもむろに謀るべきと考えていたが、西郷が決裂するのを危惧し、急進的な征韓論を主張したといえる（「宮島誠一郎日記」、『大久保利通と東アジア』）。

三条の変心に憤った大久保は一〇月一七日に辞表を提出、当初は三条に理解を示していた岩倉と木戸も辞意を表明した結果、政府の分裂は決定的となった。当初より、政府の分裂を避けるべく行動してきた三条は、西郷と大久保・岩倉らの間で板挟みとなり、一八日早朝に焦慮のあまり発病した。「胸痛」を訴えた三条は執務不能となった。

この事態を利用したのが大久保と岩倉である。三条が内閣の決定を天皇に奏上しないまま倒れたため、一〇月一九日に岩倉が太政大臣摂行となることが閣議で決定される。大久保は太政大臣摂行の岩倉が閣議の顚末（西郷の使節派遣決定）と自らの意見（使節派遣延期）を明治天皇に奏上し、明治天皇が使節派遣延期論を聖断で決定する計画を立案した。この際に岩倉と大久保は、宮内卿徳大寺実則に天皇が西郷の主張を採用しないよう工作を行っている（『三条実美』）。

岩倉は一〇月二三日に閣議の顚末と自らの意見を明治天皇に奏上した。翌二四日、明治天皇は参内した岩倉に対して、岩倉の意見を嘉納、つまり喜んで聞き入れることを勅書で回答した。そして、大久保・木戸の辞表が却下される一方、一〇月二三日に提出された西郷の参議・近衛都督の辞表は受理された。さらに、二四日に提出された板垣・後藤・江藤・副島四参議の辞表も二五日に受理され、伊藤博文、勝安芳（海舟）、ついで寺島宗則が新しく参議に就任することになる。

『自由党史』で描かれた明治六年政変

明治六年政変は『自由党史』でどのように描かれたのか。

板垣退助監修『自由党史』上巻・下巻の巻頭口絵には、自由民権運動関係者の肖像画・写真と史料が掲載されている。まず、上巻口絵一頁に西郷隆盛の肖像があり、二頁に板垣退助、三頁に後藤象二郎の写真が続いている。そして、江藤新平、副島種臣の写真が四頁に掲載されている。これは『自由党史』における登場人物の序列を示している。いずれも明治六年政変で下野した参議たちである。本来ならば、自由党総理で『自由党史』監修者の板垣が掲載されるべき一頁目に、西郷が掲載されている。

また、『自由党史』では、西郷の書簡が上巻巻頭に写真版で掲載され、本文中でも西郷の書簡を引用して明治六年政変が叙述されている。

後年のこととなるが、板垣は一八九八（明治三一）年に上野公園で除幕式が行われた西郷隆盛銅像が本人と似ていないことに反発した。板垣は洋画家光永眠雷に協力して西郷の遺族に確認しながら、西郷の真像を描かせた。『自由党史』の口絵一頁にあるのはこの肖像である（『明治期の立憲政治と政党』）。こうした「征韓派」参議、特に西郷への高い評価の背景には何があるのだろうか。

『自由党史』は明治六年政変を「朝党、野党―換言すれば非立憲党、立憲党―の二大潮流は、征韓論を其分水嶺と為して、爾来全く其流派を分つに至れり」と図式化した（『自由党史』上巻）。それは大久保・岩倉・大隈・伊藤・黒田ら「朝党」「非立憲党」と、板垣・西郷・江藤・後藤・副島ら「野党」「立憲党」の対立である。そして、明治六年の政変を自由民権運動への分岐点として描く。翌年に「民撰議院設立建白書」を提出する板垣たちは自らを「立憲党」と自己規定したのである。

『自由党史』巻頭の口絵に掲載された西郷隆盛像

詳細については後述するが、板垣を首領とする派閥「土佐派」は明治維新の理念である「公議輿論」を継承する「本流」という歴史観を持っていた。それゆえに、西郷や江藤も「公議輿論」を継承した「民撰議院論者」で、征韓論を共有する板垣の同志として『自由党史』の冒頭に登場させ、最大限の評価を与えたのである（『明治期の立憲政治と政党』）。

さらに、西郷・江藤の再評価の動きを決定づけたのが一九一〇年の韓国併合に至る日本の大陸「進出」である。その結果、土佐派は「民撰議院論者」で征韓論者（明治六年政変の同志）でもあるという独自の西郷・江藤像を創出し、彼らと結びついた板垣＝土佐派像を強調していた。

こうした土佐派の歴史観に基づく『自由党史』の記述は往々にして大きな矛盾や修正・削除をはらんでいる。後述するが、板垣はわずか二年後の一八七五年、鹿児島の「盟友」西郷と異なり、再び明治政府に復帰する。自由民権運動への分岐点として明治六年政変を捉える『自由党史』の歴史観は客観性に欠けている。

さらに、板垣は政変の過程で西郷を太政大臣、外務卿・参議の副島種臣を右大臣とする政権構想を述べる一方、征韓派から反征韓派に転じた参議大木喬任を罵倒していた。板垣の構想に実現可能性があったかは疑問であるが、征韓派も政権を奪取する計画を立てていたことがうかがわれる。『自由党史』は他にも板垣にとって都合の悪い政権奪取の計画を削除していた（『保古飛呂比』五）。

「民撰議院設立建白書」の提出

明治六年政変の結果、西郷は鹿児島に帰郷したが、板垣ら四名は明治天皇による御用滞在の命令を受け、東京に滞在していた。薩摩出身の将官らは西郷を追って無断で帰国する一方、土佐出身の将官らは政府がこうした行動をとる薩摩出身の将官などを処分しないことを理由に、一斉に辞表を出している（『谷干城遺稿』一）。

また、海軍中佐片岡健吉と外務省出仕林有造らを中心とする高知県出身者は帰県する前日、明治五年に死去した山内容堂の墓前に誓書を捧げ、国家のために身命を擲（なげう）つことを誓った（『保古飛呂比』六）。明治六年政変の結果、板垣・片岡・林ら下野した人々と明治政府に残った佐佐木、土方久元（ひじかたひさもと）、谷干城（当時、陸軍少将・熊本鎮台司令長官）に、土佐出身者の対応も分かれたのである。

一八七四（明治七）年一月一二日、板垣、江藤、後藤、副島の前参議らは愛国公党を結成した。「愛国公党本誓」は全四条からなり、天から賦与された人民の権利は人力によって奪うことができないとして、天賦人権論を高らかに主張していた。党の目的は人民の「通義権理」を保護・主張し、人民が「自主自由独立不羈（ふき）」になるようにさせると強調していた（「古沢滋関係文書」二〇）。

一月一七日、板垣ら前参議四名に、イギリスから帰国したばかりの古沢迂郎（うろう）（滋）、岡本健三郎、小室信夫、由利公正を加えた八名は「民撰議院設立建白書」を左院に提出した。建白書を起草したのは古沢であり、藩閥政府の有司（官僚）専制を厳しく批判し、国家の崩壊につながることを指摘した。この危機を救うために、民撰議院の設立を主張し、納税者には参政権があることも併せて強調している（『日新真事誌』一八七四年一月一八日号）。

しかし、建白書提出の三日前、一四日に右大臣岩倉具視が赤坂喰違で襲撃されて負傷した事件に高知県士族武市熊吉ら九人が参加し、板垣との関連が疑われるなど、提出時期は不運であった。

結局、建白書は政府に無視されたが、翌一月一八日にイギリス人のジョン・レディ・ブラックの編集する新聞『日新真事誌』に掲載され、賛否両論を巻き起こす。いわゆる「民撰議院論争」である。

まず、二月三日に加藤弘之（洋学者で明六社同人）が民撰議院設立尚早論を主張し、二月二〇日に板垣・後藤・副島（実際は古沢が執筆と推定される）が反論するなど論戦が繰り返された。また、大井憲太郎（陸軍省八等出仕、筆名馬城台二郎）の加藤に対する反論が二月二三日に『日新真事誌』に掲載され、以後は大井と加藤を軸に論争が展開された。

この論戦の過程からは、板垣・古沢らが維新の功績者である士族・豪農・豪商に参政権を限定して考えていたことがわかる。また、数ヵ月前まで参議の要職にあった板垣たちの政府批判は説得力が乏しく、政府への復権運動という性格も持っていた（『日本政党史論』１）。

こうした板垣への冷ややかな視線は、協力を期待していた参議の木戸孝允も同様であった。木戸は建白書提出の一月一七日に板垣と面会している（『木戸孝允』）。木戸は民撰議院設立建白書が天下の世論を採ることは公論であると評価する一方、「政令百端、朝出暮改」（政府の命令がさまざまで、頻繁に変わって一定しないこと）などという表現に不快感を示した。木戸は板垣たち旧参議（留守政府）の方が「朝出暮改」の弊害が大きく、随分おかしきことであると嘆息大笑していた（『木戸孝允文書』五）。

しかし、民撰議院設立建白書がいわゆる議会の設立を主張し、人民の「租税共議権」を提議した意義は小さくない。民撰議院設立建白書は参政権の範囲など具体的な中身が曖昧であったが、政府に対して議会の開設を要求する自由民権運動の出発点となった。そして、新聞という新たなメディアに取り上げられて民撰議院論争が展開したため、自由民権運動が拡大する手段として新聞が利用される契機ともなった。

佐賀の乱と江藤新平の捕縛

前参議江藤新平は民撰議院設立建白書に署名後、一月一三日に佐賀に向けて帰郷の途に就いた。江藤が横浜から神戸に向かう船には、板垣の右腕林有造が乗っていた。のちに林は江藤と佐賀の乱について回想録『林有造氏旧夢談』のなかで語っている。なお、林はこのときの佐賀県権令岩村通俊の実弟であり、佐賀の乱当時の佐賀県権令岩村高俊の実兄にあたる。

佐賀県では、征韓論を唱える征韓党と、家禄復旧を唱える前秋田県権令島義勇を党首とする憂国党が存在した。江藤は征韓党の党首として迎えられる。二月一日、憂国党士族が小野組官金強奪事件を起こした。これに対応するため、二月一五日に陸軍兵士を伴って佐賀県庁（佐賀城）に赴任した新県令岩村高俊を征韓党と憂国党士族が襲撃した（佐賀の乱）。

これに対して明治政府は、内務卿大久保利通に軍事・行政・司法の権限を一任する臨機処分権を与え、軍隊とともに佐賀県に派遣した。征韓党と憂国党士族の連合軍は一時県庁を制圧するが、政府軍の反撃で壊滅、三月一日には完全に鎮圧された（『江藤新平』）。江藤は佐賀の乱が鎮圧される前に脱出する。鹿児島県鰻温泉に滞在中の西郷隆盛に面会して協力を求めたが拒絶され、高知県を目指した。三月二四日、江藤は高知で林有造と片岡健吉に面談するが協力を得られず逃走し、二九日に高知県安芸郡甲浦（現東洋町）で捕縛された（『江藤新平らの土佐潜行』）。このとき板垣は東京からの帰路にあり、三月二六日に高知に帰郷したが、江藤とは会っていない（『保古飛呂比』六）。四月一三日、江藤は司法省臨時裁判所で士族籍からの除籍と梟首が言い渡され、即日処刑される。

江藤の悲惨な最期は佐賀県の人々に大きな衝撃を与え、江藤に同情する遺恨の思いが佐賀の乱以降も長く残った（『士族反乱』の語り」）。その批判は江藤に協力しなかった林や片岡、「征韓論の同志」であった板垣にも向かった。

四半世紀後の板垣批判と歴史の改変

佐賀の乱から四半世紀を経た、一八九九（明治三二）年六月一〇日、自由党の後身、憲政党の総務委員待遇の地位にあった板垣退助は九州遊説に出発した（～七月三日）。しかし、板垣は当初遊説日程に含まれていた佐賀県を遊説せず、長崎遊説ののち帰京する（『明治期の立憲政治と政党』）。その背景には、佐賀の乱における板垣の行動への反発があった。

憲政党総務委員待遇の松田正久（佐賀県選出・衆議院議員）は佐賀新聞社社長江副靖臣（えぞえやすおみ）から電報を受け、板垣歓迎のために帰郷していたが、選挙民の激しい批判にさらされた。一方、大隈重信を領袖とする憲政本党とその系列紙は、江藤の遺児江藤新作（しんさく）を中心に、江藤と佐賀の乱にからめた組織的な板垣遊説妨害の計画を立て、板垣に対する談判とそれが拒否された際の「直接行動」の可能性も示唆していた。

板垣の九州遊説後の八月一〇日、土佐派の山田平左衛門と富田雙川（とみたそうせん）が佐賀の乱当時について知る片岡健吉を高知種崎に訪問し、「片岡健吉氏の談話　佐賀事変談」が作成され、これをベースに「佐賀事変談」が九月五日に『憲政党党報』に掲載された。

この「片岡健吉氏の談話　佐賀事変談」では、板垣が佐賀に帰る江藤を引き止める叙述が初めて登場する。また『林有造氏旧夢談』に叙述されていた事実、つまり林が帰県の困難（ないしは江藤との連座）を恐れて佐賀経由で帰らなかったことや、実弟岩村高俊の赴任について江藤が林に詰問したことなど、土佐派にとって「都合の悪い」部分が語られていない。

さらに、一〇年を経て一九一〇年に刊行された『自由党史』では、板垣が佐賀に帰る江藤を引き止める叙述が継承される一方、江藤の写真が上巻の口絵四頁に掲載され、明治六年政変・民撰議院設立建白書の提出における同志として江藤が高く評価されているのである。

立志社の設立

板垣は高知へ帰県する直前の一八七四（明治七）年三月四日に宮島誠一郎と面談し、近々帰県し、士族授産の方法を立てると述べている（「宮島誠一郎日記」）。

廃藩置県後、士族には従来の禄高に応じて家禄や明治維新の功労に応じた賞典禄（「秩禄」と総称）が支給されていたが、政府財政を圧迫していたため、政府が行った改革が秩禄処分、つまりカットであった。具体的には、秩禄一〇〇石未満の者に、禄を受給する権利を政府に返還する代わりに、政府から家禄の六ヵ年分の半分を現金、半分を公債証書の形で一時金として受け取るものであった（『自由民権運動』）。

しかし、高知県では困窮した士族が政府から支給される奉還資金を受け取る前に、受給の権利を裕福な者に譲渡し、現金収入を得る事態が起きていた。そこで、林有造、片岡健吉、福岡精馬らは家禄奉還資金立替事業を推進する（『保古飛呂比』六）。

片岡らは家禄奉還を望む士族に対して奉還金を一時立て替えて支払い、後日政府から現金や金禄公債の形で給付されたものから立替金を差し引いて困窮士族の生計を立てるための会社を起業しようとしたのだ（『植木枝盛集』一〇巻）。こうして設立されたのが、士族授産を目的とする結社、立志社であった。自由民権運動を牽引した立志社は当初、こうした目的で誕生する。

立志社は四月に「趣意書」を発表し、結社の理由を以下のように説明している。封建制度の廃止や四民平等の改革が実施されたにもかかわらず、農工商の三民は卑屈で独立の人民となっておらず、知識と自主の気風を持つ士族も恒産を失い、無産の民に転落しようとしている。そこで、士族と恒産を持つ三民が連帯し、互いに助け合うべきであると。ただ、「趣意書」では士族が三民の知識気風を養成する一方、士族の窮迫を三民が救済すると主張するなど、没落した士族の立場を維持することに重点を置いていた（『植木枝盛集』一〇巻）。

四月一〇日、立志社発足の会合が高知帯屋町で開催された。当初は人数が集まらなかったが、五月一五日の会合には数百人が集まった（『保古飛呂比』六）。立志社社長には片岡健吉が就任し、板垣も時々出席して演説するなど、立志社は順調に滑り出したかに見えた。

一方、立志社に付属した学校として、四月一四日に開校したのが立志学舎である（『植木枝盛集』七巻）。立志学舎は社長の片岡が尽力して設立し、慶應義塾から英学教師を招聘して、政治・法律・経済・歴史・修身の著作を英語の原書で教授するなど、独自の教育を行っていた。立志学舎に在学した生徒には著名な民権家も多く、坂本龍馬の甥で雄弁家として知られた坂本南海男（直寛）や河野広中の甥で加波山事件で無期徒刑となった河野広體もその一人であった（『土佐自由民権運動史』）。

台湾出兵問題と立志社の動向

明治四（一八七一）年一一月、琉球船が台湾に漂着し、乗組員のうち五四名が現地民に殺害される事件が起こった。それから二年以上が経過した一八七四年二月六日、大久保利通、大隈重信によって作成された「台湾蕃地処分要略」が閣議決定された。そこでは琉球人殺害に対する問罪行為に限定した台湾出兵を目的とし、琉球の日本帰属を明確にすること、鹿児島県士族の出兵要求を受け入れ、彼らを政権基盤に組み込むことを意図していた（『大久保利通と東アジア』）。

この日本の台湾出兵にはイギリス公使パークスが異論を唱え、アメリカ公使ビンガムが強硬に抗議した結果、出兵は延期される。だが、台湾植民地化を企図した西郷従道(さいごうつぐみち)らは独断で出兵を強行し、五月二二日に台湾に上陸する。

立志社は台湾出兵に反応し、八月一五日に林有造を総代として「寸志兵願の事」を高知県庁に提出した。ここでは、自主の国民として富と志を持つ者は「寸志兵」となり、台湾出兵という国難に応じたいと述べている。板垣らの征韓論政変のときと同様、積極的な対外進出論を主張していたことがわかる。また、このことから立志社が士族授産組織や民権結社という性格にとどまらず、旧士族を中心とする実力組織としての性格を持っていたこともうかがえよう（『植木枝盛集』一〇巻）。しかし、陸軍省は「寸志兵願の事」を却下し、立志社の希望は叶わなかった。

台湾出兵を契機に日清間の緊張が高まるなか、大久保利通は清国に赴き、苦慮しながら交渉していた。こうした状況のなか、一〇月に板垣は上京した。そこで太政大臣三条実美は板垣と西郷隆盛に密書を送り、日清開戦の場合は両者に国家のために将軍として協力するよう依頼する（「三条家文書」）。三条は板垣・西郷の軍事指揮官としての能力に期待する一方、両者を政府に取り込むことでその基盤強化を考えていた。戊辰戦争でめざましい活躍をした軍人板垣への評価が高かったことがあらためてうかがえよう。

しかし、板垣は在野の自分ではなく、現職の軍人が戦争の指揮を執るべきであるとして、三条の要請を拒否する（『自由党史』上巻）。

3　権力闘争の敗北、西南戦争での「決断」

愛国社の設立と大阪会議の開催

一八七五（明治八）年二月二二日、大阪で各地の結社が連合して全国的な民権結社愛国社が結成された。参加者は高知県から立志社を中心とする一三名、名東県（現在の徳島県に明治八年当時は香川県と兵庫県淡路島）から民権結社自助社を中心とする三七名、愛媛県から一名など四国からが圧倒的に多く、他は九州から五名、中国から四名、北陸から二名の合計六四名であった（「愛国社創立大会（明治8年2月・大阪）の出席者について」）。

発表された「愛国社合議書」の約款では、東京に会場を設けて各県各社から社員二、三名を派遣すること、毎月会合を開いて政治のあり方や一般人民の利益を図る点について協議することなどが定められた（『植木枝盛集』一〇巻）。しかし、実際にはその後、何も行うことなく愛国社は消滅する。

『自由党史』は愛国社消滅の原因を会合に参加した者は数十名の士族のみであり、組織を維持する資金が続かなかったためと記す（『自由党史』上巻）。だが、愛国社消滅の原因は、大阪会議の結果、板垣が政府に復帰したからである。

一八七五年二月一一日、参議・内務卿の大久保利通と台湾出兵に反対して参議・文部卿を辞職した宮内省出仕の木戸孝允、板垣退助の三者会談が大阪で実現した。いわゆる大阪会議である。大阪会議では、参議伊藤博文や井上馨（いのうえかおる）が三者を仲介して漸進的な立憲政体樹立に向けた協議が続けられる一方、三月八日に木戸、一二日に板垣がそれぞれ参議に復帰した。三月一七日には、大久保、木戸、板垣、伊藤の四参議が政体取調御用に就任し、翌日には正院内に政体取調局が設置された。

しかし、板垣は立法諮問機関である元老院の権限強化を目指して、前身である左院の廃止を要求する。四月九日には元老院の人選をめぐって、愛国公党に加盟した後藤象二郎や副島種臣、由利公正を推薦した（『木戸孝允』）。なお、木戸は板垣が元老院の人選に介入した際、板垣の内情を承知しながらも至当なやり方ではなく、やむを得ない情実があると指摘しており、大久保も同意見であった（『木戸孝允日記』三）。

佐佐木高行は大阪会議を天下の論議を引き起こし、いざこざの基となっているとしたうえで、木戸が板垣を抱き込めば高知県全体をなびかせられると考えたと見ている。また、板垣が金銭面で困り、自説が高知県でも行われないことから木戸の勧誘に便乗したと指摘した。さらに、佐佐木は三〇日ばかりで板垣と木戸がお互いの見込み違いに気づき、板垣は木戸に売られたと同志に漏らしたことを記し、板垣が木戸を押しつぶして権力を握る策略があると冷笑している(『保古飛呂比』六)。

四月一四日、「漸次立憲政体樹立の詔」が発せられた。立憲政体の漸進的導入と元老院、府知事・県令からなる地方官会議、現在の最高裁判所にあたる大審院の設置が正式に決定された。元老院は新法の設立、旧法の改正を議定し、諸建白を受納する機関とされた。四月二五日には元老院議官が任命され、板垣が推薦した後藤、由利や福岡孝弟が元老院議官となり、元老院副議長に後藤象二郎が選出された。

内閣・諸省の分離問題と板垣の下野

この時期、参議の省卿(しょうきょう)兼任をやめて、内閣と各省を分離する内閣諸省分離問題が浮上した。

当時の明治政府(太政官)で意志決定を行うのは太政大臣・左大臣・右大臣と参議であり、各省の長である卿は意志決定機関の構成員ではなかった。しかし、当時は参議が各省の長である卿を兼任するのが常態化していたため、大阪会議でその分離が合意されていた。

一八七五(明治八)年九月に入ると、板垣は強く内閣・諸省の分離を主張した。板垣は意志決定を行う参議と各省の卿を分離・専任にすることで事務の効率化を図ることができるとしていた（「三条家文書」）。三条はこの問題を延期した場合、板垣が辞任すると危惧し、その前の対応が必要として木戸に助言を求めている（『木戸孝允』）。木戸は板垣が大阪会議で自らの漸進論に同意したにもかかわらず、急進的な挙動を示したことに強く反発し、大阪会議の約束も水の泡になったと板垣に述べて辞意を漏らした（『木戸孝允日記』三）。

ところが、九月二〇日、日本の軍艦雲揚号が朝鮮西海岸の江華島に進出し、朝鮮の守備隊と交戦する。いわゆる江華島事件である。事件後、外交問題を理由に内閣諸省分離問題は延期論が強まった。一〇月四日の閣議では板垣が分離実施を主張し、太政大臣の三条実美は延期論に傾いた。一方、左大臣の島津久光は板垣を支持する。

守旧派の筆頭と見なされていた久光と民権派の板垣がなぜ連携したのか。この点については、内藤一成の詳細な分析通り、皇族の有栖川宮熾仁親王、守旧派の久光ら華族、民権派など一定の共同戦線を背景に、三条・木戸・大久保らを政府から放逐して、久光・板垣が政府の主導権を握ろうとする「奪権闘争」との指摘が妥当であろう（『三条実美』）。

木戸は久光が三条を排斥して太政大臣になる気であると見ていた。木戸は民権（板垣）と封建（久光）が氷と炭のように性質を異にするにもかかわらず野合するのは、人物の品位が下等であると板垣や元老院議官河野敏鎌（こうのとがま）らを厳しく批判している（『木戸孝允文書』六）。

元老院議官佐佐木高行も、板垣と河野らが久光を補佐してぜひとも天下を動かそうとして、政府への不満分子が合体していると指摘している。そのうえで、佐佐木は急進派の板垣と守旧派の久光が合力して漸進派の木戸と大久保を破ろうとするのは最も理解できないと批判していた。一方、佐佐木は板垣が立志社員など同志を要職に就けて自らの持論を実現する思惑があったが、うまくいかなかったとも指摘している（『保古飛呂比』六）。

免官——権力闘争、二度目の敗北

他方で、板垣の側近で「民撰議院設立建白書」の起草者古沢滋の関係文書には、内閣諸省分離後の人事案が残されており、立法・行政のバランスを保ち、行政の力を強めるため、同一の目的・気脈を通じる人物を各省の長とすることが想定されていた（「古沢滋関係文書」）。具体的には、大阪会議を周旋した井上馨（内務卿）、参議の伊藤博文（外務卿）だけでなく、元老院議官の陸奥宗光（司法卿）、立志社の林有造（陸軍輔・大輔カ）、元老院副議長の後藤象二郎（元老院議長）、中島信行（東京府知事）などである。

なお、古沢は板垣本人には見せていないと草案に記しているが、内閣諸省の分離とそれに伴うポストの獲得を板垣周辺が期待していたことがわかる。それゆえに、板垣は野合批判を浴びても、島津と連携して強硬な主張を繰り返した。

一〇月一二日、三条実美太政大臣、島津久光左大臣、岩倉具視右大臣の三大臣がそれぞれ内閣諸省分離問題で明治天皇に意見を言上した。その際に、板垣も願い出て陪席し、内閣諸省分離を主張する文書を上った。その内容は、大阪会議で内閣諸省の分離を合意したにもかかわらず、突然「変説」した三条らを厳しく批判したうえで、江華島事件で対外関係が切迫するなかでも、内閣諸省の分離を実行すべきというものであった（「三条家文書」）。

だが、一〇月一九日、明治天皇から内閣諸省分離問題に関しては現状維持を支持する裁定が示された。これに納得しなかった島津は三条を弾劾する上書を提出した。一〇月二二日、岩倉右大臣の裁定を踏まえて、明治天皇は島津の弾劾上書を差し戻した。同日付で島津、板垣は辞表を提出し、三条の毅然たる決断によって、一〇月二七日、島津と板垣は免官となる（『三条実美』）。

こうして、島津・板垣らによる権力闘争は挫折に終わった。板垣にとっては明治六年政変に続く二度目の権力闘争における敗北であった。しかも、板垣は立志社幹部の片岡健吉、林有造らが反対したにもかかわらず参議に就任した末、権力闘争に敗れたのであり、愛国社の創設も挫折させる結果となった（『自由党史』上巻）。

この明治八年の政変以後、板垣の選択肢から権力闘争による政府への復帰は消滅し、武力による政府転覆と言論による自由民権運動が残された。そして、一八七七（明治一〇）年、西南戦争が勃発し、四一歳となった板垣は再び決断を迫られることになる。

西南戦争の勃発と立志社挙兵計画

一八七七（明治一〇）年二月一五日、西郷隆盛を中心とする薩軍約一万四〇〇〇名が鹿児島を進発、西南戦争が始まる。

西南戦争の際に去就が注目されたのが、土佐藩兵を率いて戊辰戦争で活躍した板垣退助の動向である。板垣が立志社など高知の反政府勢力を率いて挙兵し、西郷に呼応するかどうかが戦局の一つの焦点となっていた。そして、西南戦争で板垣が挙兵するか否かは、以後の自由民権運動の展開にも直結していた。

二月一〇日、板垣は二等巡査馬詰輝彦（まづめてるひこ）と面会した際、鹿児島県人は大義名分を誤ったとし、政府を助けることで同志が一致したと述べている。これを受けて、鹿児島県出身の警視総監川路利良（かわじとしよし）は板垣は決して「弾薬ドロボー」（鹿児島の私学校生徒）には味方しないと岩倉具視に進言している（「岩倉具視関係文書」）。

他方で、佐佐木高行は政府内保守派の立場から立志社を警戒しており、土佐に密偵を派遣して板垣および立志社の動向を探索していた。彼の日記である『保古飛呂比』七巻には、密偵による報告がまとめられている（以下「密偵報告書」、一八七七年八月三一日の項）。

この「密偵報告書」によると、私学校生徒による弾薬庫襲撃などが東京に伝達された二月初旬、東京の板垣邸に板垣、後藤象二郎、大江卓、竹内綱、岡本健三郎、林有造らが会合を開いた。板垣は薩軍の挙兵は西郷を大将とする国難であり、政府が倒れる日も近いだろうとしたうえで、この戦争は西郷やその幹部桐野利秋・篠原国幹らと大久保利通・川路の私闘であるとの認識を示した。

そのうえで、板垣は宿志である民権拡張を推進するときであり、西郷が憤怒で兵をもって政府を突き、自らは民権をもって政府を突くと言明している。

さらに、板垣は兵力を後にして、まず建言をもって政府を突くべきであると述べる一方、民権家が戦闘をすることは国の進歩であるとも明言していた。これに対して、会合に参加した一同は板垣の論を了承し、薩軍挙兵という鹿児島の一報を待つこととなった。

一方、後藤は内閣顧問の木戸孝允と参議・内務卿の大久保を離間し、土佐と長州の木戸が連携して、薩軍を破って薩摩の大久保を孤立させ、その権力基盤を崩す計画を板垣に話している（「密偵報告書」）。後藤の案は、一八七五年に板垣と島津久光が画策した権力奪取策の再来といえよう。

土佐、長州連携の失敗

この時期、挙兵主張の急先鋒が林有造であった。当時、立志社は政府から士族授産の名目

林 有造（1842〜1921）

で払い下げを受けていた高知県長岡郡の白髪山伐採事業が進捗していないため、政府に一五万円で買い戻すように申請していた（『西南戦争と自由民権』）。林は岡本健三郎、岩神昂とともに白髪山買い戻しの代金で銃器を購入しようと考え、二月九日の時点で挙兵計画に着手している（『林有造氏旧夢談』）。しかし、政府は林らの思惑を察知し、立志社の申請に対して、回答しなかった。

また、元老院議官の陸奥宗光は藩閥政府内での不遇から、木戸や後藤、板垣を政府中枢に復権させる道を探っていた。さらに、陸奥は地元和歌山県での募兵を画策したが、大久保に警戒されて失敗する。この後、陸奥は大阪で大江卓と面会、要人暗殺や挙兵、武器調達の計画を聞き、挙兵計画に関与している。才子であった陸奥は大々的に武装反乱を起こそうとしたわけではなかったが、西南戦争という機会に乗じようと考えたのである（『陸奥宗光』）。

二月一四日、板垣は後藤象二郎、林有造や、書生として板垣邸に居住していた植木枝盛とともに東京を出発、まず大阪に向かった。その翌日に西南戦争は始まるが、後藤は途中で京都の三条・木戸と連携を求めて会談しようと考え、板垣も同伴しようとするが、林が板垣を引き留めた。

このとき林は、これまで板垣らの建議が政府に実行されず、政府と方向性も異なると指摘し、むしろ政府を転覆して、自らの目的を達成すべきであると板垣に主張する。さらに、林は板垣が三条や木戸と面談するのは名義や便利がなく有害であるとし、自らが京都に赴くと述べたのである（『林有造自歴談』下）。

実際に、後藤は二月一七日、林は翌一八日に木戸と面談して土佐の事情を語ったが（『木戸孝允日記』三）、木戸が応じた形跡はなく、土佐と長州の連携策は不発に終わった。その後、板垣一行は大阪から高知に出発し、二月二七日に高知に到着した（『植木枝盛集』七巻）。

二月二二日に薩軍は熊本城の攻撃を開始したが、熊本鎮台司令長官谷干城の下、鎮台兵が防戦に努めたため、熊本城は容易に陥落しなかった。

薩軍の後退と板垣の変化

三月一日に立志社の会議で社長片岡健吉以下、谷重喜（たにしげき）、山田平左衛門ら幹部が集結した。ここで林が九州や京阪の情勢、東京での銃器購入計画を説明したところ、一同異議なく、同日夜の板垣も交えた会合で立志社の社議が一決した（『林有造自歴談』下）。

三月二八日頃、板垣は土佐の気風はまだ元気があり、八〇〇〇から一万の壮兵が得られると計算したうえで、兵員の持つ一丁の銃に三〇〇発の弾薬が備われば、自ら将軍として指揮すると言明したとされる（「密偵報告書」）。こうした史料から板垣が挙兵を決断したように見えるが、なお銃砲・弾薬の調達という留保条件を付けていた。

一方、熊本城救援に向かう政府軍は薩軍と田原坂で激突、半月の攻防戦の末、これを破った。四月一四日には薩軍の熊本城包囲網は解かれ、二一日には薩軍は人吉へ撤退している。

このように、薩軍の敗色が濃厚になると、板垣の主張に変化が表れる。四月一九日頃、高知県一等警部弘瀬進一（立志社員）が立志社陰謀計画を政府に密告すると、板垣は当時上京中であった林に銃器買入を中止し、高知に帰るよう命じている（「密偵報告書」）。

高知の立志社は四月二六日、薩軍に対して郷土を守る護郷兵を結成したいと高知県庁に請願したが、却下された。立志社の動向が警戒されるなか、高知県庁がこうした請願を許可するはずもなかった（『植木枝盛集』一〇巻）。

五月一〇日頃、林は東京から大阪に到着した。一方、片岡健吉は高知から大阪に向かい、京都滞在中の明治天皇の行在所に「立志社建白書」を出そうとした（「密偵報告書」）。この立志社建白書を起草したのは植木枝盛であった。立志社建白書は政府の失政を有司専制や中央集権など八項目にわたって列挙したうえで、民撰議院の設立と立憲政体の樹立を迫る内容であった（『植木枝盛集』六巻）。

板垣は建白書の早期提出を主張し、片岡も同意見であった。だが、林は建白書の文章に意味が通じない点があるとして、東京滞在中の後藤象二郎に建白書の相談をするように片岡を説得、上京させる(「密偵報告書」)。

自由民権運動への決断

六月一日、政府軍によって薩軍の拠点人吉が陥落した。東京から大阪に戻った片岡・大江卓・吉田正春(後藤象二郎の娘婿)らは大阪で建白書を添削した後、大江・吉田が六月一日に高知に戻って、板垣に建白書を示した。

板垣は大いに喜び、早く片岡に送り、明治天皇に奉呈せよと指令した。そして、板垣は建白書の写を数千部印刷し、全国に配布することで、人民が建白の趣旨に基づき政府への望みを失えば、西郷が斃(たお)れても今後は人民が立ち上がるだろうと予測した(「密偵報告書」)。板垣は建白書の提出によって、西南戦争後における全国の人民を巻き込んだ運動の展開を構想していた。

一方、林は六月三日に七〇〇~八〇〇名による挙兵と大阪城奪取計画を提案する。板垣は少数精鋭の挙兵ではなく、銃器三〇〇〇丁を購入したうえで大挙挙兵すべきであるとし、林の大阪城奪取計画を抑えた。板垣はこの理由について、林らが斃れれば、自分一人では何事も行うことはできないからだと大江卓に語っている(『林有造自歴談』下)。これはおそらく板垣の本音であろう。

なお、板垣のこの発言は『林有造自歴談』を再編集して一八九一(明治二四)年に公刊された『林有造氏旧夢談』では、すでに死去していた立志社幹部谷重喜の発言と修正され、板垣の挙兵発言を隠そうとする意図もうかがわれる。板垣の立志社挙兵計画への関与を隠そうとする記述は『自由党史』にも引き継がれ、今日に至るまで板垣が立志社挙兵計画に関与したか否かが解明されない理由の一つとなっている。

さて、六月八日付の「密偵報告書」によると、国会の開設と立憲政体の樹立を望む片岡らに対して、板垣も賛成したとされる。板垣は西郷と同じ覆轍(ふくてつ)(先人の失敗)を踏まず、民権を拡張し、決して干戈(かんか)(武力)では行わないと述べている(「岩倉具視関係文書」)。板垣は遅くともこの時点で建白を通じた自由民権運動を推進する決意を固めたといえよう。

立志社建白書と「高知の大獄」

六月九日、片岡は京都の明治天皇に「立志社建白書」を奉呈したが、六月一二日受理を拒否された。一方、政府は元老院議官佐佐木高行、陸軍中佐北村重頼を高知に派遣、六月六日、立志社に近い銃器商神田屋政兵衛から土佐藩にあった銃器・弾薬を買い上げている(『西南戦争と自由民権』)。このとき、北村は立志社が挙兵した場合、一大隊で撃破できると立志社員を挑発している。これに対して、板垣・大江は立志社の急進派に、血気に逸り事を誤ってはならないと戒め、いずれ時機は来るだろうと慰撫した（「密偵報告書」）。

また、政府は旧藩主山内豊範を高知県に出張させ、七月八日に板垣や片岡ら八名に山内の親書を手渡して、説諭させていた（「西南戦争における山内家の動向」）。

「土予二州景況書」という探聞史料によると、当時、立志社には挙兵の動きがあったが、板垣の一言により挙兵しなかったとしている（「三条家文書」）。だが、挙兵しなかったものの、立志社の払った犠牲も大きかった。

六月以降、西郷軍に呼応しようとした高知人および関係者が相次いで捕縛され、二五名が大審院の判決を受けた。これは「高知の大獄」と呼ばれ、一八七八（明治一一）年八月二〇日、二一日に量刑が言い渡されている。挙兵計画における首謀者の林有造、大江卓らは禁獄一〇年、これに関与した池田応助らは禁獄五年、岡本健三郎は禁獄二年、竹内綱は禁獄一年であった。一方、立志社幹部の山田平左衛門、谷重喜は禁獄一年、立志社社長の片岡健吉は西郷軍の状況視察に赴いた藤好静らに一〇〇円を貸与した罪により、禁獄一〇〇日となっている。なお、和歌山県出身の陸奥宗光も禁獄五年の判決を受けた（『土佐自由民権運動史』）。

しかし、板垣は逮捕されなかった。板垣拘引については政府部内でも議論が分かれたようであるが、関係者の取調結果からも板垣の挙兵計画への荷担を裏付ける明白な証拠は見出せなかったからだ（『西南戦争と自由民権』）。

西南戦争における板垣の決断は当初、建白だけでなく、挙兵も視野に入れていた。だが、政府軍優位が明確になると、板垣は建白書の提出に方針を決定した。

こうした板垣の行動について、小川原正道は板垣が建白か挙兵か「臨機応変」の行動を取っていたと指摘する。つまり、板垣は第一段階として建白書の提出と世論の高揚による議会開設、第二段階として挙兵路線を取っていたが、西郷軍が敗色濃厚となったため、第一段階の建白書の提出に回帰したとしている（『西南戦争と自由民権』）。

また、板垣は戊辰戦争以来の軍人であった。それゆえに、西南戦争の戦局を見ながら慎重に行動したといえよう。板垣の慎重な行動と決断が結果的に、高知県から戦死者を出さず、多くの自由民権家を生み出すことになったのである。

第三章　自由民権運動の指導者——一八八〇年代

1　自由党の結成——東北遊説と総理就任

新たな同志たち

一八七七（明治一〇）年六月七日、立志社主催の最初の演説会が高知で開催され、植木枝盛も臨場した。植木が出席した演説会は一八七七年だけでも三四回にのぼり、演説会には一〇〇〇人、二〇〇〇人といった人数がつめかけ、活況を呈した（『植木枝盛』）。

八月二五日には立志社の機関誌『海南新誌』、『土陽雑誌』が発刊され、一八七八年一月に二つは統合して『土陽新聞』となった。その編纂作業の中心となったのが一八七七年三月に立志社に雇用された植木である。植木は『海南新誌』第一号の序言の文中で、天下の人々が「自由は土佐の山間より発したり」と称するようになれば、この雑誌も初めて無益でなくなると記した（『土佐自由民権運動史』）。この言葉通り、主に高知市街の民権結社が数多く団結して立志社に集い、高知は自由民権運動の中心地となる。

これを聞いた民権家は各地から高知を訪問した。その代表的な人物が河野広中、杉田定一、栗原亮一、頭山満、竹内正志、永田一二である。特に、板垣の人生と重要な関わりを持つのが、河野、杉田、栗原であった。

河野は先にふれたように戊辰戦争で断金隊に入隊した人物である。維新後、若松県（旧会津藩領の直轄地）の吏員（権少属・準捕亡＝現在の警察官）や三春藩の警察関係の下級職である捕亡取締などを務めるが、上司と対立して免職（『河野広中』）。民権結社石陽社を設立し、一八八一年の自由党結成に参加した。だが、翌年の福島事件で下獄。帝国憲法発布の大赦で出獄後、第一回総選挙で当選（以後一四回当選）し、自由党の院内総理として板垣を支えたが、一八九七年に自由党を脱党。憲政党、憲政本党を経て一九〇三年に衆議院議長となる一方、立憲同志会結成に参加し、第二次大隈重信内閣の農商務大臣に就任する。

杉田は越前国（福井県）の豪農・大地主杉田仙十郎の長男として誕生した。一八七五年に上京して『采風新聞』に自らの論説を掲載する一方、『中外評論』などの記者として活動する。杉田は自由民権運動の実力行使を正当化し、西南戦争の際に西郷隆盛に呼応しようと演説活動を展開したが、同調者はなく失敗した。一八七七年七月に高知県を訪れ、板垣退助、植木枝盛と面会して交流を深めた（『ある豪農一家の近代』）。その後、自由党に参加。一八九〇年の第一回総選挙で当選（以後九回当選）。第一次大隈重信内閣で北海道庁長官となり、衆議院議長、立憲政友会幹事長などを歴任、一九一二年に貴族院議員となり、立憲政友会の旧自由党系を代表する一人として存在感を発揮した。

栗原は志摩国（三重県）鳥羽藩士中村武一の次男として誕生し、同藩士栗原亮休の養子となる。一八七六年三月に藩閥政府を激しく攻撃した『草莽雑誌』を発刊したが、七月に発行禁止処分を受け第六号で廃刊となった。一八七八年四月、板垣退助に愛国社再興を訴えて、「愛国社再興趣意書」を起草。これ以降、板垣や自由党系の論説・意見書の多くを起草するブレーンとなる。

植木枝盛（1857～92）

杉田定一（1851～1929）

栗原亮一（1855～1911）

一八八一年の自由党結成に参加し、自由新聞社の記者も兼ねた。翌年の板垣外遊に同行し、板垣の最側近としての地位を固める（『栗原亮一君小伝』）。一八九〇年の第一回総選挙で三重県から当選、以後、第二回総選挙の選挙干渉による落選を除き、補欠選挙の当選も含めて第一〇回総選挙まで連続当選した。その後、一八九六年の第二次伊藤内閣で板垣内務大臣の秘書官、九八年の第一次大隈内閣では大蔵省参事官兼監督局長となるが、一九〇九年に日糖疑獄事件に連座、衆議院議員を辞職する。

西南戦争前後、板垣は高知への民権家の来訪を歓迎した。密偵の報告によれば、板垣の論は大変着実になり、品行も慎み、ひたすら徳望を収めるように努めていた（「三条家文書」）。こうした板垣に心酔した杉田や栗原らは民権運動の展開に大きな役割を果たしていく。

愛国社再興と東日本への拡大

一八七八（明治一一）年四月、立志社は板垣が口述した内容を栗原亮一が執筆したとされる「愛国社再興趣意書」を発表した。ここでは廃藩置県で解体した藩に代わる全国的な結合として、結社の連合である愛国社の再興を主張していた（『植木枝盛集』一巻）。この愛国社再興趣意書を持参して、栗原と植木枝盛は四国、山陰、山陽を、杉田定一と高知県出身の民権家安岡道太郎は和歌山県と北陸・九州をそれぞれ遊説した（『杉田鶉山翁』）。

九月一日、愛国社再興大会が大阪で開会された。結社を代表した参加者は、九州から佐賀、豊前豊津、福岡、久留米、熊本、四国から高知、松山、高松、中国地方から岡山、鳥取などであり、他に和歌山と愛知からも参加者があった。結社代表ではないが栗原と杉田も参加を認められている。板垣も九月下旬に立志社員大石正巳（のちに自由党幹事・農商務大臣などを歴任）・寺田寛を従えて大阪に入り、各地方の有志と面会して団結の急務と将来の方針を説得して鼓舞したとされる（『板垣退助君伝記』二巻）。

しかし、参加者は栗原らが遊説した西日本に限定される一方、愛国社再興大会に参加した結社は旧士族など身分的な集団としての色彩を強く残していた。しかも、大阪に設置された社局の資金拠出や人的な負担については立志社が引き受けるという実態であった（『自由民権運動』）。大会では、「愛国社再興合議書」を決議、愛国社の再興が宣言されたが、全国的な民権結社への道にはいまだ険しいものがあった。

その後、愛国社は一八七九年三月に第二回、一一月に第三回、八〇年三月に第四回大会を開催する。特に、第三回大会では、福島県の石陽社・三師社を代表して河野広中、石川県（当時は福井県の越前地域を含む）の自郷社を代表して杉田定一が参加し、愛国社の活動範囲は東日本に広がる。しかも、平民を中心とする石陽社・三師社と自郷社の参加は、旧士族を中心とする愛国社を旧来の身分秩序を超えた全国結社へと大きく発展させる意味を持っていた。

愛国社第三回大会では、国会開設を要求する署名運動を進める一方、次回の大会で国会開設願望書を審議・決定する方針を採択する。

全国的な民権結社結成の背景には、各地の地租改正への反対・軽減運動や民会・府県会での活動を通じて成長した豪農や農民層の活動があった。彼らは結社を結成し、学習・教育活動や演説会を開催したのである。

杉田定一もその一人である。地元福井で父仙十郎とともに地租改正の際に決定された地価は高すぎるとして、その再調査を求める運動を展開していた。杉田父子は一八七九年に政府から地租改正の再調査を求める指令書を出させることによって、結果的に地租軽減を実現する。地域の名望を獲得した杉田は、同年七月に郷里波寄(なみよせ)村の自宅酒蔵を改造して在郷子弟が学ぶ自郷学舎(じきょうがくしゃ)を設立し、八月に民権結社自郷社を結成する(『ある豪農一家の近代』)。こうした豪農や農民層の活動を背景として、全国規模で進められた署名活動の総数は三〇万人を超えたとされる(『「主権国家」成立の内と外』)。

国会期成同盟の結成

一八八〇(明治一三)年三月一五日、大阪で愛国社主唱の国会開設願望者有志大会が開催

された(~四月九日)。愛国社加入の結社だけでなく、未加入の結社も多数参加し、愛国社とは別に国会期成同盟を結成する。

国会期成同盟は天皇に国会開設の願望書を提出すること、国会開設が実現するまでは組織を維持すること、国会開設が認められないか、請願書提出後二ヵ月を経ても政府から返答がない場合は一一月一〇日から大集会を開くことなどを決定した。

こうして一八八〇年四月一七日、片岡健吉、河野広中は「国会を開設する允可を上願する書」を太政官に提出した。だが、太政官は建白書の受付機関である元老院に提出すべきであるとして受理しなかった。一方、片岡・河野は国会開設の許可を天皇に願望するとして、太政大臣から天皇に願望書を伝達するよう求めて抵抗した。その後、片岡・河野は元老院に国会を開設する允可を上願する書を提出したが、五月八日に元老院は建白書の形式を取らない願望書は受付できないと拒否。さらに、片岡・河野は五月一〇日に願望書を太政官に再提出したが、太政官も受付を拒否した(『自由民権運動』)。

二度の上京と政府組織改革の演説

一方、板垣退助は一八七八(明治一一)年九月の愛国社再興大会から、国会期成同盟結成後の一八八〇年九月まで、約二年間、中央政局で大きな動きを見せなかった。西南戦争後、板垣は片岡や植木、栗原らに運動を任せ、いわば雌伏の時を過ごしていたといえよう。

一八八〇年九月一九日、板垣は海路高知を出発し、坂本南海男らとともに上京した。一〇月一三日には、東京の上野精養軒で都市民権結社で沼間守一（元幕府伝習隊の士官、東京横浜毎日新聞社を経営）が社長を務める嚶鳴社による板垣歓迎会が開催された。板垣と元老院議官を辞職した中島信行も懇親会に参加している。

この席上で板垣は戊辰戦争での功績や参議就任も快事であったが、この懇親会への招待には比べるべくもないと述べ、有識の士と会合する無形の楽しみに感謝を示している（『東京横浜毎日新聞』一八八〇年一〇月一五日号）。この板垣上京の意図については、板垣が嚶鳴社と提携して運動に従事するためとの見方もある（「国会期成同盟第二回大会前後における板垣退助の言動」）。

一一月二五日、板垣は中島とともに、甲府若松町の亀屋座の講談会に出席、その夜は峡中新報社などの招きによって甲府瑞泉寺の懇親会で演説した。板垣は自らを招待してくれたのは戊辰戦争での功績や東征総督府参謀として甲州に駐屯した縁故だけでなく、板垣が主張する自由主義や改進の路線に賛同してくれるからであろうと聴衆に呼びかけた（『朝野新聞』一八八〇年一二月二日号）。その後、板垣一行は東海道を経由して京都に到着、一二月八日に大阪の有志懇親会に出席し、一二日に高知に到着した。

さらに、板垣は大規模な東北遊説を実行しようとし、再び上京する。

一八八一年八月二六日、板垣退助とその側近、宮地茂春、安芸喜代香、堀見熙助、坂崎斌（号紫瀾）、後藤猛太郎らは高知を出発し、東北遊説に向かった。特に、坂崎は坂本龍馬の伝記『汗血千里の駒』の著者であり、板垣に随行して『高知新聞』紙上に「東北載筆録」を連載して遊説の状況や遊説地の地理風俗を報告している。

板垣一行は九月一二日に大阪を出発、神戸から海路を取って一五日に横浜に到着し、二五日まで東京に滞在した。九月二三日には、国友会の大石正巳らが発起人となって開かれた東京上野公園精養軒における懇親会に板垣も参加した。

その席上で、板垣は最も弊害の多い政治は専制政治であり、有志が団結して、専制政府を自治の政府に改良すべきであると述べる。そして、開拓使官有物払下げ事件が起きるのは、人民がこうした事件を起こさない政府を組織することができないからであり、政府組織の改革が最も重要であると強調した（『高知新聞』一八八一年一〇月四、五、六日号）。

当時、参議・北海道開拓長官の黒田清隆は北海道開拓使の官有物払下げを申請し、認可されたが、『東京横浜毎日新聞』七月二六日号の社説を契機に激しい政府批判が展開された。その理由は開拓使が一四〇〇万円余りを投資してきた官有物を無利子、三〇年賦、三八万円の格安条件で黒田と同じ薩摩出身の安田定則・折田平内らの北海社、五代友厚の関西貿易社に払い下げたためである（『「主権国家」成立の内と外』、「明治一四年の政変」）。

しかし、板垣は開拓使官有物払下げ事件自体よりも、それが起きる政府組織の改革を重視していた。そのため同志の団結を優先する。

九月二六日、板垣一行は東京を出発、埼玉県羽生、群馬県高崎で演説した後、一〇月五日に新潟県高田の浄興寺で政談演説を行った。一〇月一三日、新潟で予定されていた懇親会の直前、上京中であった新潟県の民権家山際七司から国会開設の勅諭と開拓使官有物払下げの中止決定が電報で板垣らに伝達された。

『自由党史』では、このとき板垣が東京の同志に「前途猶遠し、喜ぶ勿れ」と返電したことが知られている。しかし、側近坂崎の「東北載筆録」には随行した同志たちがそれぞれ想像した説を唱えて非常に口やかましかったことを記しているのみである（『高知新聞』一八八一年一一月八日号）。いずれにせよ、板垣はこの電報を受けた当日も懇親会で演説し、東北遊説を優先、続行した。新潟県から福島県に入り、一〇月二〇日会津若松に到着する（「板垣退助と戊辰戦争・自由民権運動」）。

東北遊説と「会津開城の逸話」

板垣は途次の九月一一日、大阪中之島自由亭の懇親会で、近畿の有志者を前に「東北周遊の趣意及び将来の目的」の題名で演説している（「東北周遊の趣意及び将来の目的」）。ここで板垣は来たるべき政党の目的について三点を挙げている。第一に天下の政党を団結して政治を改良すること、第二に大阪と東京に一大政党新聞を設立し、党の意見を天下の公衆に伝達すること、第三に一大出版社を設立し、欧米の翻訳書を刊行して自由主義を日本だけでなく、中国や朝鮮などアジア各国に広めることと述べている。

さらに、板垣は東北遊説の目的について、各地の名跡や風俗、人民の感情・思想を観察して自らの知識を伝達するだけでなく、我が党の主義目的を各地の有志に告げ、協力して実施する方法を図るためであると論じている（「東北周遊の趣意及び将来の目的」）。

東北遊説は一八八一年一〇月二日に、国会期成同盟を拡張して東京で自由党結成の会議が開催されているさなか、一一月九日に板垣が自由党総理に就任する重要な時期に行われた。東北地方はかつて板垣が戊辰戦争の際、土佐藩兵を率いて会津藩などと激戦を交えており反発も予想された。板垣は大きなリスクを承知で遊説したといえよう。

板垣は会津若松城を訪れて戊辰戦争を回想し、官軍戦没者の招魂社を参拝した。板垣は戦没者の墓碑が並ぶ融通寺（ゆうづうじ）にあった土佐藩出身の大軍監牧野群馬（小笠原唯八）の墓などを弔問している。

そのとき、板垣は戊辰の戦没者を弔うことを忘れたことはなかったが、公私の多忙と距離の遠さのためにその思いを実現できなかったと述べ、今回参拝を遂げたことは平生の自らの心に背かなかったと喜んでいる。戊辰戦争の指揮官板垣の部下への思いやりがうかがえる。

東北遊説については板垣が坂崎に語った話として、『土陽新聞』(一八八一年一二月二四日号)紙上に「会津開城の逸話」が掲載された。先にふれたように、軍人であった板垣が会津戦争の経験を踏まえて、四民平等に基づく藩政改革を実施し、その後自由民権運動を開始したとされる内容である。

この「会津開城の逸話」は管見の限り、板垣の東北遊説で初めて公に語られたものである。その意味で、板垣の東北遊説は板垣が軍人(戊辰戦争の英雄)から自由民権運動の指導者へと転身する第一の転機になったといえよう。

一九二一(大正一〇)年五月、板垣の東北遊説に随行した堀見熈助は、板垣側近の遺墨(書簡)を集めて巻子を作成するため、同じく板垣に随行した安芸喜代香に紀行文を書くように頼んだ。安芸は遺墨集の冒頭に板垣の東北遊説を回想した紀行文を執筆、日本の憲政史は自由党結成をもって圧巻とし、自由党の結成は、板垣の東北遊説に始まるとして、板垣の東北遊説を「我憲政史の第一ページ」を飾るべきものと位置づけている(「板垣退助東北遊説随行員遺墨巻」)。

自由党の結成と板垣の総理就任

板垣が東北遊説に向かうなか、開拓使官有物払下げ事件に関する政府批判は高まっていた。一〇月一日には国会期成同盟第三回大会の相談会が開催され、自由党準備会と国会期成同盟を統合して政党にすることが決まる。翌二日には国会期成同盟を拡張して「大日本自由政党結成会」に名称を変更する。五日には自由党の組織原案を起草し、起草委員を選出する（『「主権国家」成立の内と外』）。

その最中の一〇月一一日、明治政府は開拓使官有物払下げに反対し、急進的な憲法意見書を提出して民権派と結託していると見なされていた参議大隈重信を罷免、翌一二日に政府は開拓使官有物払下げを中止し、一〇年後の国会開設を約束する国会開設の勅諭を出して事態の収拾を図った。いわゆる明治一四年の政変である。

自由党の盟約原案には当初、憲法の起草と国会の開設が記されていたが、一〇月一二日の国会開設の勅諭を受けて結党の際に削除された。その結果、自由党盟約は自由の拡充と権利の保全、幸福の増進と社会の改良、善美な立憲政体の樹立が抽象的に掲げられた。

一〇月二九日の本部役員選挙で、自由党総理に板垣退助、副総理に中島信行、常議員（四名）に後藤象二郎、馬場辰猪（ばばたつい）、末広重恭（すえひろしげやす）（号鉄腸（てっちょう））、竹内綱、幹事（五名）に林包明（はやしかねあき）、内藤魯一（ないとうろいち）、大石正巳、山際七司、林正明が選出され、正式に自由党が結成された。なお、板垣は

大隈重信（1838〜1922）

このときまだ東北遊説中だった。

党幹部は高知県出身者（板垣、中島、後藤、竹内、林包明）を中心とする土佐派と、都市知識人を中心とする結社国友会の馬場、末広、大石らによって占められた（馬場、大石も高知県出身）。このとき板垣は四五歳である。

ただし、国会期成同盟への参加者のうち、近畿地方の非愛国社系勢力は自由党副総理中島信行を総理に迎え、自由党と連携しながらも独自の「立憲政党」を設立する。一方、九州でも自由党とは別に、九州改進党が結成された（『自由民権運動』）。

自由党規則第一章では中央本部を東京に置き、地方に地方部を置くことが明記された。その後、設立が確認された地方部は三二を数え、自由党は全国的政党として出発する（『明治自由党の研究』上巻）。

板垣は帰京後、一一月九日の自由党臨時会で、自らが天性厳格に過ぎ、度量も広くないと述べたうえで、総理として不適当であり、別人を選挙してほしいと演説した。しかし、自由党員一同が総理への就任を懇請し、板垣は受諾する（『高知新聞』一八八一年一一月一八日号）。

自由党総理就任の経緯は板垣の謙虚さを示すエピソードであり、同時に板垣が自らの短気と狭量を自覚していたことを示している。

自由党結成から半年を経た一八八二年四月一六日、大隈重信を総理とする立憲改進党が結党式を実施して正式に発足した。改進党はイギリス流の立憲君主制と議会政治の確立を目指して、政権政党となることを標榜していた。自由党が国会期成同盟に参加した各地方の豪農層を背景として成立したのに対して、改進党は都市の商工業者と地方の名望家・資産家を基盤としていた（『「主権国家」成立の内と外』）。

以上の民権派の流れをくむ政党に対して、三月一八日には、『東京日日新聞』の福地源一郎、『明治日報』の丸山作楽、『東洋新報』の水野寅次郎らによって立憲帝政党が結成された。彼らは万世不易の国体を保守する一方、漸進主義を掲げていた。帝政党の結党には政府首脳が直接関与していたが、政党活動には直接従事せず、間接的な支援にとどまった。帝政党の党勢は振るわず、翌年九月二四日に解党する（「立憲帝政党の結党をめぐる基礎的考察」）。

2　「板垣死すとも自由は死せず」——岐阜遭難事件の真実

東海道遊説と「会津開城の逸話」

一八八二（明治一五）年三月一〇日、自由党総理に就いた板垣退助は東海道遊説のため、竹内綱、宮地茂春、安芸喜代香らと新橋駅から汽車に乗車した。板垣一行は静岡県を経て三月一八日に愛知県の豊橋、二〇日に田原で遊説し、二二日に岡崎に到着、二四日に西尾で懇親会を実施する。さらに、二五日午前八時から午後一一時半までの長時間、知多郡より参加した愛知県会議員榊原由一ら九名の質問に対して応答する形で懇談した。その詳細な内容は六月に遊佐発編輯、白井菊也校閲『板垣君口演征韓民権論　勇退雪冤録』として出版される。同書から、当時の板垣の自由民権に対する考えがわかる。

たとえば民権や自由の精神についての質問に対して、板垣は「会津開城の逸話」を挙げて次のように述べている。

板垣は会津の人民が敗君の恩に報いるために芋を献上したような状況では日本の進歩は到底不可能であるとしたうえで、自らが軍人で政治上のことにあまり関与しなかったが、戊辰戦争の際に偶然「一大感覚を喚起」し、政治思想を持ったと語る。

板垣は日本が戦争になった場合、日本人は会津人民と変わらないと予測し、それを変えるには民権自由を拡大して、人民に政治思想を持たせることだと言う。それは、国家の運命を憂慮する愛国心の喚起につながると語っている。

岐阜遭難事件と「名言」

板垣一行は三月二八日に名古屋に到着し、引き続き岐阜県東濃地方（三一日に多治見、四月一・二日に岩村、三日に中津川、四日に美濃太田）を遊説した。その背景には板垣遊説のため急遽組織された岩田徳義を中心とする濃飛自由党の戦略があった。岩田は板垣の岐阜遊説によって、当時停滞していた濃飛自由党の党勢拡張を図ろうと考えていた（『明治期の立憲政治と政党』）。

四月六日、岐阜県厚見郡富茂登村（現岐阜市）の神道中教院で懇親会が開催された。この懇親会終了後、板垣は愛知県の小学校教員相原尚褧に襲撃される。右胸、左胸、左頬に加えて、右手と左手を二ヵ所ずつ、合計七ヵ所を刺されたが幸い軽傷で済んだ。

相原の動機は国会開設の勅諭が出されて国家方針が定まったにもかかわらず、自由・急進主義の人々が存在するのは国家の大害であり、首領である板垣を排除して禍乱を未発のうちに防ごうとした、というものである（『自由民権機密探偵史料集』）。

板垣は刺されながらも相原を睨みつけて「板垣死すとも自由は死せず」と叫んだと世に広がっていく。

この名言については、板垣本人が述べたのか、あるいは周囲にいた側近の内藤魯一や小室信介らが述べたのかと研究者の間で議論されてきた。また、本当に「板垣死すとも自由は死せず」という言葉だったのかをめぐっても諸説が分かれている。さらに、テロに遭った直後

錦絵「板垣君遭難之図」 右に立つのが板垣退助

にあのような発言を実際にできたのかという疑問も指摘されている。

板垣の発言については、板垣本人が類似した言葉を発していたことがすでに明らかにされている。当時の密偵が調査した探聞史料によると、板垣は「吾死するとも自由は死せん」と発言したと記録されているからだ（「そのとき板垣は何と言ったか」）。

他方、筆者が調べた結果、板垣の発言は事件当初、三種類のパターンが記録されていたことがわかっている。

具体的には、A板垣が犯人相原に叫ぶ（「板垣は死すとも自由の精神は死なん」、『愛岐日報』一八八二年四月八日号）、B板垣が周囲の人物に慰めの言葉をかける（「諸君嘆する勿れ退助は死すとも自由は滅せざるなり諸君勉めよや」、藤吉留吉編輯『自由党総理板垣君遭難詳録』）、C犯人相原と周囲の人物の両方に発言する、といったパターンである。

濃飛自由党員の岩田徳義が岐阜遭難事件から一一年後に

執筆した「板垣君岐阜遭難記録」（一八九三年）では、発言は「仮令退助は死すとも、自由は死せず」である（発言相手は「諸氏」＝周辺の人物）、それから一五年後、岩田による『板垣伯岐阜遭難録』（一九〇八年）では「板垣は死すとも自由は死せず」と修正され、発言相手も「諸氏」から犯人相原に変更されている。最終的には、同書が『自由党史』（一九一〇年）へ継承され、「板垣死すとも自由は死せず」と発言は〝確定〟する。では、実際に板垣は危機的状況であの発言ができたのか。

テロに遭う約一年半前の一八八〇年一一月、先に少しふれたが甲府瑞泉寺で演説を行っている。そこで板垣は峡中新報社が招待してくれた好意に対して、「唯余は死を以て自由を得るの一事を諸君に誓うべき也」と述べている（『朝野新聞』一八八〇年一二月二日号）。

また、半年ほど前の一八八一年九月一一日、板垣は大阪中ノ島自由亭の懇親会で「而して苟も事の権理自由の消長伸縮に関することあるに遇う毎には亦た死を以て之を守り之を張ることを勉めんのみ」と演説している（「東北周遊の趣意及び将来の目的」）。

板垣は岐阜遭難事件の一年半前からすでに、同様の発言を繰り返していたのである。つまり、とっさの事態でも自由主義に命をかける決意があったからこそ発言できたのだ。

記録された「名言」	発言相手
板垣は死するとも自由は亡ひす	B竹内綱、小室信介ら
吾死するとも自由は死せん	?
我今汝か手に死することあらんも自由は永世不滅なるへきぞ	A相原尚褧
諸君嘆する勿れ退助は死すとも自由は滅せざるなり諸君勉めよや	B大野齊市
君等決して嘆かるゝなかれ仮令退助はこのまゝ死すとも自由は滅する事あらじ勉められよ（勉められよ）	B大野齊市
仮令退助は死すとも、自由は死せず	B諸氏
板垣は死すとも自由は死せず	A相原尚褧
板垣死すとも自由は死せず	A相原尚褧
板垣は死すとも自由の精神は死なん	A相原尚褧
咄何者の兇児ぞ吾を刺すたとへ吾死すも自由は死ざるなり	A相原尚褧
×（自由の語はなし）	×
嘆き玉ふな板垣は死すとも自由は亡びませぬぞ	B大野齊市
我を殺して何とかする板垣は死すとも自由の精神は死なぬぞ	A相原尚褧
諸君歎ずる勿れ板垣退助死するも日本の自由は滅せざるなり諸君勉めよ哉	B大野齊市
諸君歎ずる勿れ板垣退助死するも日本の自由は滅せざるなり諸君勉めよや	B大野齊市
①我を殺して何を為さんとする我は設令ひ兇賊の手に斃るゝも自由の精神は変せぬぞ ②諸君嘆する勿れ板垣退助死するも日本の自由は滅せさるなり諸君勉めよ哉	C①相原尚褧 ②大野齊市
①汝予を殺すも自由は死せぬぞ ②諸君嘆かれな退助は死するとも日本の自由は亡びませぬぞ	C①相原尚褧 ②大野齊市
①卑怯哉爾縦ひ能く我を殺すも日本の自由豈滅焉乎哉 ②乞ふ哀むを休めよ雖使板垣退助死するも豈に自由主義の滅するあらんや子且つ勉焉	C①相原尚褧 ②大野齊市

もの，Bは周囲の人物に発したもの，Cは犯人・周囲の人物双方に発したものを

岐阜遭難事件での板垣退助の「名言」一覧

史料・出典	新聞・著者の党派・役職
「自由党本部報」臨時報、1882年４月６日	自由党本部
『公文別録』「板垣退助遭害一件」所収、岡本都嶼吉「探偵上申書」1882年４月10日	岐阜県御嵩警察署詰御用掛
『公文別録』「板垣退助遭害一件」所収、川俣正名「岐阜県令小崎利準宛供覧文書」1882年４月９日	岐阜県警部長
藤吉留吉編輯『自由党総理板垣君遭難詳録』1882年５月	濃飛自由党
東洋太朗閲、中島市平編輯『板垣君近世記聞』1888年３月	
岩田徳義「板垣君岐阜遭難記録」1893年９月	自由党濃飛支部
岩田徳義『板垣伯岐阜遭難録』1908年12月	元濃飛自由党員
板垣退助監修『自由党史』1910年３月	元自由党総理
『愛岐日報』1882年４月８日号	自由党系
『函右日報』1882年４月11日号（東京通信者よりの報道）	立憲改進党系
『日本立憲政党新聞』1882年４月11日号	自由党系
『朝日新聞』1882年４月11日号	政府系
『読売新聞』1882年４月12日号	
『東京日日新聞』1882年４月12日号	政府系（立憲帝政党機関紙）
『明治日報』1882年４月13日号	政府系
『愛知新聞』1882年４月８、９日号	自由改進主義
『土陽新聞』1882年４月15日号	自由党系
『自由新聞』1882年７月６日号	自由党系

註記：「発言相手」の項におけるＡＢＣは以下の通り．Ａは犯人の相原に叫んだ意味する．カタカナはひらがなに改めた

報道合戦と「名実の弁」誤報問題

自由党本部は岐阜遭難事件に対して、本部役員の人員不足と後藤らの板垣洋行へ向けた策動から組織的な対応ができなかった（「板垣退助岐阜遭難事件に対する諸政治勢力の対応」）。しかし、先の発言は自由党系だけでなく多くの新聞によって全国で報道され、少なくとも板垣の政治的評価を高める。もちろん自由党のメディアも板垣の発言を利用した。

四月六日の岐阜遭難事件直後から、自由党系新聞による立憲帝政党とその機関紙『東京日日新聞』への批判が展開された。自由党系の『愛岐日報』（一八八二年四月一二日号）は板垣の名言は刺客（しかく）をにらみつけた際の発言であるとし、板垣の行動を「東洋ノ一人傑（いちじんけつ）」と高く評価した。そして、犯人相原は反対党（立憲帝政党）の一員で板垣を襲撃したと批判したうえで、板垣の名言を引用して日本の自由は滅びずと論じている。

同じく自由党系の『日本立憲政党新聞』（一八八二年四月二九日号）も相原は漸進党派の立憲帝政党系に属しており、『東京日日新聞』の板垣に対する讒言（ざんげん）を信じて犯行に及んだと批判した。

これに対して、『東京日日新聞』は社説で反論したが、そのさなかに同紙（五月五日号）の社説欄で「名実の弁」が掲載される。主筆の福地源一郎は板垣と思（おぼ）しき政党の領袖が東山道の某地の会場で演説し、天皇を「日本人民代理〇〇君」と呼んだと報道したのである。福地はこの字句を捉えて、板垣が天皇を人民代理と見るのは暗に臣民を主人とし、上下を倒置するものであり、日本の国体を傾けると批判した。『日本立憲政党新聞』(一八八二年五月一二、一三、一六、一七、一八日号)は『東京日日新聞』が言及した「某君」が板垣を指すことを論証したうえで、この記事が再び板垣への凶行を教唆するものと厳しく批判した。

自由党本部は『東京日日新聞』の記事に敏感に反応し、五月九日に自由党本部で板垣の留守を守っていた谷重喜らが福地に抗議、謝罪状を提出させる。こうして、『東京日日新聞』は社説で自社の記事が事実無根であると謝罪し、謝罪状と社説の取消広告を五月一二日の紙面に掲載した。

板垣遭難事件と『自由党史』の改変

板垣遭難事件の名言は『自由党史』で「板垣死すとも自由は死せず」に確定した。だが、『自由党史』では遭難事件についても多くの修正や削除、改変が行われていた(詳細は、『明治期の立憲政治と政党』)。

たとえば、『東京日日新聞』掲載の「名実の弁」についてである。記事は板垣遭難の一ヵ月後である五月五日号であったが、『自由党史』では二ヵ所でテロに遭う前日である四月五日号と日付が一ヵ月も改変されている。この背景には、『東京日日新聞』の記事が「唯だ僅に凶変（板垣遭難事件）に先つこと一日」であるとして、この記事と相原の犯行を結びつけ、「名実の弁」誤報問題と板垣遭難を関連づける意図があった。

一九一〇年に刊行された『自由党史』は相原が『東京日日新聞』＝立憲帝政党と結びついた藩閥政府の教唆によって、事件を起こしたとすることで、まず暴力を用いたのは政府であるとしていた。そして、板垣遭難事件や福島事件などの例を挙げて、自由党急進派が武力で政府と対抗する激化事件に決起せざるを得なかったと正当化する歴史像を形成しようとしていた。

第二の転機――顕彰運動の高揚と不動の指導者へ

遭難直後、板垣には見舞客や見舞状が殺到し、板垣の写真が売り切れ、写し損じのものまで売られるなど、板垣人気は一種の社会現象となった。豊橋の東海自由党員村雨案山子の妻信子は板垣が着用していたシャツをもらい受け、悲しいなかでの喜びとして非常に大切にし、秘蔵して将来の「参考」にしようとしたとする（『愛知新聞』一八八二年五月一六日号）。実際に、このシャツは現在も村雨家の子孫の下で秘蔵されている。

さらに、岩田徳義ら濃飛自由党も「板垣君記念碑建設の広告」を掲載し、記念碑を建立して板垣の名声と自由の血痕を永遠に伝えようとした（『愛知新聞』一八八二年四月一九日号）。しかし板垣は記念碑建設を断る。濃飛自由党は板垣に再考を求めているが、結果的にこのときは実現しなかった。

さらに、板垣人気の結果、板垣に関する多数の伝記・演説集が刊行され、板垣の呼称は「自由の泰斗」・「民権の木鐸」などとして定着していく。

たとえば、遭難直後に刊行された『板垣君兇変―岐阜の夜嵐―』の序文は「今や板垣退助君は実に自由社会の北斗なり」とし、『岐阜凶報板垣君遭難顛末』で描かれた板垣は「方今自由の木鐸民権の泰斗と世人に仰がれたる自由党総理旧参議正四位板垣退助君なり」として登場する。

岐阜での遭難事件は板垣の政治的評価を飛躍的に高めることになった。その意味で、板垣の東海道遊説は板垣が軍事英雄から自由民権運動の指導者へ転身する第二の転機といえる。

明治天皇・政府による勅使派遣

板垣遭難事件による自由民権運動の高揚は明治政府にとって脅威であった。四月一二日、明治天皇・政府は遭難事件を沈静化するため勅使西四辻公業を岐阜に派遣し、板垣に菓子料三〇〇円を下賜した。

当時、愛知県病院長であった後藤新平の回想によると、興奮する自由党員のなかには勅使を断ったらよいではないかという者もいた。だが、板垣は聖恩（天皇の恩）が「臣退助」の身に及ぶと述べて涙を流した。この様子を見た党員たちは無言で次々と帰って行ったという（『明治秘史疑獄難獄』）。

この情景には「尊王論」を唱えた板垣と、政府への反発から激高した党員たちとの意識の落差がうかがえる。明治政府は勅使派遣という迅速な対応によって、流動化する可能性があった政局の主導権をあらためて掌握する（「板垣退助岐阜遭難事件に対する諸政治勢力の対応」）。

では、板垣の尊王論や理想とする政治体制とは具体的にどのようなものであったのか。

板垣は東海道遊説中に静岡で『東海暁鐘新報』主筆の土居光華に「自由党の尊王論」を口述している。そのなかで、板垣は世の中に尊王家は多いが、自由党のような尊王家はおらず、世の中に忠臣は少なくないといっても自由党のような忠臣はいないと主張する。そして、自由党は平生尊王の主義を執り、立憲政体の事業に従事するとして、尊王の下での立憲政体を強調する。

また、板垣は英国王と自由な人民の一体的な関係を例に、日本も人民を自由にすることで、文明国として天皇家の皇統を永遠に続かせると論じていた。板垣の「自由党の尊王論」はイギリスの立憲君主制を例に、天皇と人民が一体化することで皇統を永続させる一君万民論といえよう。

教科書的理解では、「フランス流の急進的な自由主義をとなえる自由党」とされがちであるが（『山川出版社　詳説日本史B』二〇一四年）、板垣が主張した政治体制はイギリスの立憲君主制に近かった。

3　解党へ――板垣外遊問題、激化事件の続発

板垣外遊問題の勃発

板垣遭難事件から二ヵ月後の一八八二（明治一五）年六月三日、自由民権運動の発展に直面した明治政府は集会条例を改正し、集会への弾圧と政党活動への規制を強めた。この改正によって、政党は社名（党名）・社則（党則）・会場（本部）・名簿を警察署に届け出たうえで、その認可を得なければならなくなった。また、政党は支部の設置を禁止され、自由党地方部は解散を余儀なくされた。その結果、地方部を廃止して直接個人として東京の自由党に加盟するか、地域政党を結成して独立するかの選択を迫られた（『「主権国家」成立の内と外』）。

さらに、明治政府は自由党の切り崩しを画策し、総理板垣を外遊させて発足間もない自由党を分断しようとした。いわゆる板垣外遊問題である。板垣は明治政府の画策に乗り、一八

八二年一一月から翌年六月までフランスを中心にヨーロッパへ渡航する。

板垣の外遊は、一八七八年の大久保利通没後、政府の中枢を担った伊藤博文や井上馨が自由党顧問の後藤象二郎と連携して推進した。最初に計画を持ちかけたのは後藤である（「板垣退助岐阜遭難事件に対する諸政治勢力の対応」）。後藤は伊藤が憲法調査のためにヨーロッパへ出立（三月一四日）する前に板垣と自らの外遊を持ちかけている（『伊藤博文関係文書』三）。

井上は後藤が帰国後に再び政府に復帰する下心があると見ていた。そして、井上は後藤が心を入れ替えて政府と行動を共にするならば、政府復帰も不都合はないと考える一方、策略家の後藤の真意は測りがたいと警戒している（『伊藤博文関係文書』一）。

話は一八八二年四月二日にさかのぼる。後藤は同じ土佐藩出身の福岡孝弟邸で井上と面会するなか板垣洋行の話が出たという。井上が外遊費の金策を三菱財閥の岩崎弥太郎へ掛けあうと告げたところ、後藤は大変喜んだとされる。ただし、後藤は外遊費の金策が自由党員へ漏れないよう井上に注意し、借金をすると恩を着せられることになるので、岩崎からの借用は避けたいと漏らしていた（『伊藤博文関係文書』一）。

四月六日、板垣遭難事件が発生すると、刺客による事件は政府の仕業であるとの疑惑に対して、後藤は自由党員にそうではないと説得した（『伊藤博文関係文書』一）。一方、高知県の自由党壮士約八〇名が板垣の身辺を警護するために岐阜に向かおうとすると、これを抑えようとしたが、板垣が大阪へ療養に向かったため、出発を見合わせた（『伊藤博文関係文書』一）。こうした後藤の言動は遭難事件で高揚する自由党員の活気を内から削ぐ役割を果たしていた（「板垣退助岐阜遭難事件に対する諸政治勢力の対応」）。

その後、板垣は四月一五日に岐阜を出発し、大阪で静養した後、六月一日に東京に到着した。六月三日には宮中に参内、明治天皇による勅使派遣と賜金に対して感謝を述べている。

一方、板垣が洋行を決断した日は明らかではない。だが、七月八日に右大臣岩倉具視が近日中に板垣・後藤が洋行に出発するとの見込みを伊藤博文に知らせているため、これ以前に後藤は板垣に洋行を勧め、板垣も承諾したのであろう（『伊藤博文関係文書』三）。

自由党幹部たちの反対と激論

八月二五日、後藤は自由党常議員の馬場辰猪に板垣外遊について話した。馬場は大石正巳（自由党常議員）とともに、板垣外遊に大いに異論を唱えた。末広重恭（自由党常議員）も板垣外遊に批判的であった。

八月二六日、馬場は板垣の外遊費の出所とされた旧徳島藩主蜂須賀茂韶（参事院議官）の邸宅を訪問した。ところが、蜂須賀は留守であったため、馬場は蜂須賀家の家令に後藤に金銭を貸したかを尋ねたが、明確な返答はなかった。さらに、馬場は二九日に板垣に面会、洋行は不可であると忠告している（『馬場辰猪—日記と遺稿』）。

九月一六日、自由党の旧東京地方部（地方部は六月に解散）の会場で馬場は板垣の洋行が政府の策略によるものであると論じ、旧東京地方部は板垣に総理の辞表を出させることを決議した（『馬場辰猪—日記と遺稿』）。

これに対して九月一八日、板垣は自由党本部に出頭し、幹事の大井憲太郎、林包明も同席するなかで、馬場・大石らと論争する。以下、機密探偵書の報告を見てみよう（「伊藤博文関係文書」〔その1〕、書類の部）。

まず、馬場・大石が板垣の外遊費は土倉庄三郎（どくらしょうざぶろう）（奈良県吉野郡川上村の山林地主、板垣の支援者）から得ているると述べているが、その実態は政府から間接的に外遊費が支出されているのは確実であると鋭く追及した。これに対して、板垣は外遊費は土倉からのもので間違いないと反論する。馬場らは板垣が外遊に出発する際に道筋に党員を潜ませて刺殺するとまで脅迫、論争は泥仕合となったが、板垣は怒ることなく帰宅している。

翌九月一九日、板垣は常議員会を召集、この日は怒りをあらわにして馬場、大石と再び激論した。馬場・大石らは板垣を「馬鹿」と批判し、井上らの奸策に乗ってわずかの金をもらって洋行するなど、自由党総理の位置にいて恥ずかしくないのかとまで詰問したようである。

さらに、馬場らは腕を振り上げて板垣を殴打しようとしたが、周辺の人物が取り押さえて板垣は無事であった（「伊藤博文関係文書」〔その1〕、書類の部）。

一方、馬場は九月一九日の常議員会について、板垣が大石・末広を責めようとして、かえって大いなる過ちを犯し、板垣の主張は一々成立せず、その発議はすべて消滅したと日記に記している（『馬場辰猪―日記と遺稿』）。

いずれにせよ、板垣の外遊問題は洋行による総理不在への懸念や外遊費の出所などをめぐって泥仕合の様相を呈した。

外遊反対派への処分と星亨の入党

その後も板垣は洋行の決心を変えることなく、九月二六日から自由党相談会が開催された。ここでは馬場、大石、末広の処分が議論され、二九日に三名に対する脱党勧告が行われた。馬場は脱党勧告に来た河野広中ら委員五名に対して、委員の勧告は少しも意味がわからないと述べて、抵抗した（『馬場辰猪―日記と遺稿』）。

九月三〇日には自由党本部で相談会が開催され、板垣が将来の自由党の方略から処分の再検討を提起した（「伊藤博文関係文書」〔その1〕、書類の部）。その結果、馬場ら三名の処分は常議員の免職に軽減され、馬場は大石の説得によって常議員を辞任している（『馬場辰猪―日記と遺稿』）。

党内抗争の結果、自由党は国友会系の馬場・大石・末広を党幹部・自由新聞社から失った。党指導部も大きく変わり、党幹部で公選の自由党常議員に島本仲道、林包明、片岡健吉が新たに就任している（「自由党史研究のために」）。

こうした損失を補うと自由党員が期待したのが、馬場と同じくイギリス帰りで名望・学歴に優れた星亨の入党であった。

星亨（1850～1901）

星は陸奥宗光の知遇を得て官界に入り、横浜税関長などを経てイギリスに留学。一八七七年にイギリス法廷弁護士資格を取得し、帰国後司法省付属代言人（弁護士）として活躍していた。星の入党時期には一八八二年初夏とする説（『星亨』）と、同年一〇月とする説がある（『明治自由党の研究』上巻）。寺崎修によると、星が自由党入党後、党員の前に初めて姿を見せたのは一〇月二三日の江東中村楼での板垣・後藤洋行送別会が開催されたときであった。

それまで自由民権運動とほぼ無縁であった星を自由党に紹介したのは大井憲太郎という説と、後藤象二郎が大井を通じて説得したという説などが存在する（『明治自由党の研究』上巻）。いずれにせよ、星は代言人として蓄積した資産と名望・学歴を期待されて自由党に入党し、大いに手腕を発揮することとなる。

板垣外遊の目的

こうした犠牲を払ってまで、なぜ板垣は外遊したのか。

板垣はその目的を五点挙げている。一、自由党にとって国家多事は今日ではなく、今が外遊の好機である、二、民権自由の主義を欧州の実地で確認し、材料を得て党勢拡張に役立てたい、三、自らの外遊により自由党が世界から評価、認知される、四、世界各国の志士と盟約し、民間の交流を活発にする、五、政府の憲法調査に対して、民権派も憲法や政体の調査が必要であり、「良友」後藤象二郎と欧州を実地調査する、というものであった（『自由新聞』一八八二年九月二六日号）。

板垣はイギリスの哲学者ハーバート・スペンサーの影響を強く受けており、板垣自身もスペンサーの言葉を引用してしばしば「自由主義」について演説していた（「民権派とヨーロッパの邂逅（かいこう）」）。板垣は実際に外遊することで自由主義を実地で確認し、知識を得たいと考えていたのであろう。

また、目的でふれたように、板垣は伊藤博文らによる憲法調査を強く意識していた。ドイツでその欠点を探って、後日伊藤の論を撃破する用意をすると自由党員に述べたという（『伊藤博文関係文書』一）。板垣は伊藤に議会論で劣らないように外遊を望み、そのためには洋行の経験が大きな説得力を持ったのである（『帝国議会』）。

だが、板垣は「良友」後藤によって外遊に誘導されたことに気づいていなかった。

外遊費の出所

板垣の外遊費については、戦前の近代史家で明治文化研究会の中心人物であった尾佐竹猛が、井上馨が旧徳島藩主蜂須賀茂韶を介して三井銀行に用立てさせる代わりに、三井銀行の陸軍省との契約を一八八二年から三年間延長させたことを明らかにしている（「政党史の一節」）。また、蜂須賀が三井銀行の番頭三野村利助に宛てた出金依頼状や、蜂須賀が三井銀行に宛てた洋銀二万ドルの受取証も残されている（「板垣退助の外遊費の出所について」）。

一方、板垣の説明通り、土倉が板垣に外遊費の支出を約束したことに対する板垣の礼状（一八八二年九月一四日付）と板垣の使者森脇直樹が土倉に宛てた五〇〇〇円の受取領収書（一八八三年一月二一日付）も現存する（「板垣退助欧遊費の出資者に就いて」）。

つまり、板垣の外遊費は、井上馨の斡旋により三井銀行から後藤に支出された第一のルートと、土倉庄三郎から森脇を通じて板垣に支出された第二のルートがあったのである。

これについて、寺崎修は馬場が第一のルートしか知らず、板垣は第二のルートしか知らなかったために、双方とも自己の主張こそ根拠があり、相手の主張は理不尽な虚偽の主張であるとして対立が深刻化したと指摘する（『明治自由党の研究』上巻）。板垣が外遊費を土倉から借りたと主張し続けたことを加味すると、寺崎の指摘は的確であろう。

実際に、板垣洋行の資金提供を三井に周旋した井上馨は洋行中の伊藤博文に洋行費の件は板垣に決して話さないように釘を刺しており、板垣はこれを知らないと書き送っている（『伊藤博文関係文書』一）。一方、後藤が三井から入手した二万ドルは後藤一人で使用したと考えられるが、その使途は不明である。

当時、板垣の外遊費をめぐる疑惑は立憲改進党系の新聞『東京横浜毎日新聞』や風刺雑誌『団団珍聞』が批判した。『東京横浜毎日新聞』の社主沼間守一は自由党結成に関与しながら、立憲改進党に参加した人物であった。そのため、同紙は板垣外遊について費用、趣旨（外遊の時期）、同行者（元内務省権大書記官の今村和郎）などの疑惑を掲げて批判し、『自由新聞』と批判の応酬となった（「板垣洋行問題と新聞論争」）。

こうした批判合戦は自由党と改進党の対立となる。自由党は改進党総理大隈重信が三菱財閥と癒着しており、偽の政党「偽党」であるとして、改進党批判（偽党撲滅）を強め、両者の決裂は決定的となった。

板垣外遊の行程と動静

一八八二（明治一五）年一一月一一日、板垣は横浜から、後藤象二郎と自由党員の栗原亮一、通訳の今村和郎を伴ってヨーロッパへ向けて出港した。

板垣一行は香港、サイゴン（現ホーチミン）、シンガポール、セイロン島のコロンボ、アデン港、スエズ港を経由して地中海に進み、イタリアのナポリ港を経て一二月二二日フランスのマルセイユ港に到着した。上陸後、リヨンを経て二七日に最初の目的地パリに着いた。

旅行中の詳細は後述するとして、まず行程を見ておこう。板垣らはパリに三ヵ月ほど滞在した。この間、後藤はドイツ帝国のベルリンとイギリスのロンドンで伊藤博文に面会している（『伯爵後藤象二郎』）。板垣は軽い病もあってドイツ行きに同行していない（『伊藤博文関係文書』一）。

翌一八八三年四月、ロンドンを出立した板垣は五月八日にパリに戻った。五月一三日にはパリから帰国の途に就き、六月二二日に横浜港に帰着する。当初の予定では、欧州諸国を周遊し五月中旬頃までイギリスに滞在後、アメリカまで足を伸ばして八月に帰国する予定であったが、当初の予定を早め、アメリカ行きをやめての実質五ヵ月半の滞欧であった。その背景には後述する旅費の不足があったようである。

では、フランス・イギリスで板垣はどのような行動をしていたのか、『自由新聞』から見てみよう。板垣はフランスでジュール・グレヴィー大統領の夜会に出席したり、共和党党首レオン・ガンベッタの死後、その後継者と評された急進社会主義派のジョルジュ・クレマンソーと面会していた。栗原によると、クレマンソーは板垣がパリ在留中最も深く交流し、フランス政治の利害について議論したとされる。

また、板垣はフランスの詩人・小説家で、『レ・ミゼラブル』で著名なヴィクトル・ユーゴーとも交流・面談している。ユーゴーは共和主義者としても著名であり、板垣を若き東洋の自由改革家として喜んで歓迎した。板垣が東洋が固陋頑迷(ころうがんめい)で改革が至難であると説くと、ユーゴーは、昂然(こうぜん)として進め、進め、ただ進め、そうすれば板垣の前から困難な巨岩も開かれると激励したとされる（『板垣退助君伝記』二巻）。さらに、板垣はフランス共和派の法学者エミール・アコラスと会談し、多くの影響を受けたという（後述）。

イギリスでは、駐英公使森有礼(もりありのり)の紹介でスペンサーと面会した。板垣によると、スペンサーは病のため政治学術に関する談論をすることができなかったが、話は多岐にわたったようである（「宗教進化論序」）。この二人の面談について、森有礼は板垣が無根拠の空論を多く述べたため、スペンサーが怒って「ｎｏ、ｎｏ、ｎｏ」と述べ、席を立ったと伊藤博文に報告しており、相違がある（『伊藤博文関係文書』七）。しかし、板垣はスペンサーとの談話を通じて、社会改良のためには社会を知る必要があり、そのためには集会が重要であると認識したと述べており、両者の間には親密な交際があったようである（「民権派とヨーロッパの邂逅」）。

欧州での苦難と帰国

板垣は外遊で英仏の著名人と交流したものの、人間関係と金銭の不足に苦しめられていた。近年、国立国会図書館憲政資料室で公開された史料によると、伊藤博文の憲法調査に随行していた西園寺公望が板垣の状況を伊藤に報告している（「国会図書館憲政資料室収集文書」）。これによると、一八八三（明治一六）年二月に板垣は今村の通訳に対する不満や、後藤に対する恨みがましい様子を述べていた。板垣は狭くてみすぼらしい部屋で終日過ごしており、言語がわからず、交際もなく、いわば「引きこもり」の状態にあったようである。そのため、西園寺が板垣を引っぱり出してフランスの上院議会を見物したり、議員や学者と引き合わせるなど、外に誘い出した様子も記されている。

こうした板垣に対して、伊藤博文は後藤はベルリンで面会して話がわかったが、板垣は到底変化することがないだろうと観察していた。また、伊藤は板垣を呼びよせて、ベルギーのブリュッセルで会談した際に、板垣はまったく話にならない「自由家」であり、自由の祖国フランスをいまだに不自由国であり取るに足らずと述べるなど、誰も相手になる者はいないとまで酷評していた（「井上馨関係文書」）。

伊藤はウィーン大学教授のローレンツ・シュタインから立憲政体における議会の役割について学び、大きな影響を受けていた。伊藤の勧めで後藤もシュタインの元を訪問している。一方、伊藤は自由民権運動をイギリス・アメリカ・フランスの自由過激論者の著作のみ金科玉条のように誤信していると糾弾しており（『帝国議会誕生』）、板垣をまさにそうした「自由家」として見ていた。

また、板垣は土倉から送金予定の五〇〇〇円を自由党員の岡本健三郎らに押さえられ、通訳の今村に渡す金にも困るなど、困窮していた（「井上馨関係文書」）。これを裏付けるように、土倉から借用予定の五〇〇〇円が東京の『自由新聞』の費用に使用されたため、板垣はフランスの銀行から借金し、返済は竹内綱らの周旋で家屋を質に入れたと回想している（『自由民権機密探偵史料集』）。

板垣はベルリンからパリに戻った後藤に資金のことを相談したが、後藤と感情面で対立し、西園寺にも資金援助を依頼したが、断られている。

板垣は三月七日時点で、一九日朝マルセイユ発の船で帰国する決心であると西園寺に述べたようであるが、今村の話によると、結局後藤が板垣に金を分与してフランスにしばらく滞在させる考えを示した（『伊藤博文関係文書』五）。実際に、後藤から板垣に資金が渡った可能性もあり、板垣はフランスに五月まで滞在している。こうした経緯からも板垣が得た土倉からの資金援助は十分ではなかったといえよう（「自由党への期待と現実」）。

帰国と自由党解党論

先述したように板垣は一八八三（明治一六）年五月一三日にパリを出て、六月二二日に横浜港へ到着、帰国した。その顔にはこれまで生やしていなかった髭（ひげ）があり、手にはフランスで入手したルイ・ヴィトン社製のトランクが提げられていた。

なお、板垣の持ち帰ったルイ・ヴィトン社製のトランクは現在、高知市立自由民権記念館に寄託されている。表蓋に「ＩＴＡＧＡＫＩ」の文字が印字され、製造番号は七七二〇番、日本に残るルイ・ヴィトン社製のトランクとして大変貴重な品である。

さて、『自由党史』は板垣の横浜港到着について、前日より党員が横浜に歓迎のため待機し、船が到着するや板垣を誘導して自由亭で歓迎会を開いたとする。しかし、実際は髭を生やした板垣本人に周囲が気づかないという大失態を演じていた。

自由党員吉野泰三は早朝に板垣の船が到着した砲声を旅宿鹿島楼で聞いた。慌てて星亨・宮部襄（みやべのぼる）ら自由党幹部の旅宿今村楼に駆けつけると、宿の下女も板垣の到着を周囲に知らせていた。ところが、早朝で就寝している者がほとんどであった。しかも、板垣到着の報を聞いた星・宮部らは馬車も人力車も来ていない状況で板垣が到着したはずはないと下女を笑い飛ばしたという。

吉野は自ら板垣到着の真偽を確認しようと、旅館の階段を降りた。そこへ、髭の長い、顔が赤黒く、太ったナポレオン三世のような人物がカバンを提げてやってきたため、吉野は板垣総理がすでに到着したらしい、どこに出迎えに行けばいいかと尋ねたところ、その人物は不快な顔をして返答しなかったという。

ルイ・ヴィトンのトランク　板垣退助がフランスで買い求めたとされる

その人物こそ板垣であり、ようやく気づいた吉野は慌てて不敬を謝罪し、今村楼で皆に板垣到着を報せた。ところが、慌てふためく党員たちは平家の軍勢が一ノ谷で敗戦したようであり、袴を逆に着る者、他人の羽織を着て叱られる者がいたという。こうした板垣にとって都合の悪い話は『自由党史』で削除されている（『武相自由民権史料集』二巻）。

帰国から二日後の六月二四日、板垣の帰朝歓迎会が

帰国前後の板垣退助

東京向島八百松楼で開催された。またも『自由党史』では削除されているが、このとき、板垣は自由党解党について発言している（『馬場辰猪全集』三、『自由民権機密探偵史料集』）。板垣はこれまでの自由党の体裁を批判して解党を主張する一方、四ヵ月あるいは五ヵ月の間に金一五万円を募集できたならば、板垣自身がこの資金で生命を惜しまず、自在に活動すると宣言している。

板垣の真意は自由党解党を主張することで党員の気力を引き立て、資金募集によって一大練武館や一大私学校を建設して壮士や生徒隊を養成し、政府に対抗するというものであった（『自由民権機密探偵史料集』）。こうした資金募集計画は自由党内の急進派をこの計画に吸収する機能も果たした（『「自由新聞」を読む』）。つまり、板垣には非力な自由党の現状から脱皮し、党再建・強化を図る意欲があふれており、その意欲の源泉は外遊の経験であったとされる（『明治自由党の研究』上巻）。

板垣外遊の成果

帰国から二ヵ月後の一八八三（明治一六）年八月二〇日、関西懇親会の席上で板垣は「欧州観光の感想」の題名で演説した（『日本立憲政党新聞』一八八三年八月二二〜二四、二八、二九日号）。

まず板垣はイギリスの植民地シンガポール、セイロン島などで自由平等や文明を唱えるイギリス人がアジアの人民を酷使・虐待する状況を批判した。そのうえで、欧米諸国がアジア全体を野蛮視しており、日本の悲願である不平等条約の改正は大変困難であるとする。

板垣は条約改正の方法として、欧米人に認められる優れた政体と法律を整備するか、海軍を拡張して欧州人の肝を冷やさせるかを挙げる。特に、外遊の際に立ち寄ったイタリアの海軍拡張に着目し、イタリアが少数の大艦建造を海軍拡張の方針としている点はむしろ日本にふさわしいとした。一方、陸軍については欧米で実見した「自由兵（義勇兵）」を創設し、陸軍の常備兵を削減してその費用で海軍拡張を実行すべきであるとした。

こうした海軍拡張論と陸軍の義勇兵論は、一八九〇年代初頭における自由党の政策に反映され、自由党の「通商国家構想」にも一部が継承されていく（第四章参照）。

また、アコラスとの会談で、欧州は生活社会が進歩する反面、政治社会が進歩していないと板垣が述べたところ、アコラスに同意見であると非常に賞賛されたことを紹介している。板垣は欧州では町村の自治に対し中央政府が干渉し、私党の弊害が多く見られるが、日本では国政を担当する中央政府に対して、町村、郡区・府県など地方自治が整備され、政治社会が進歩している。だが、生活社会がはるかに遅れていると認識していた。板垣は生活社会の挽回を図るためには政治社会を改良し、生活社会への干渉の弊害を改革すべきだとする。そのために自由党は、国会開設と立憲政体の創立を通じて国民が協同一致し、条約改正を実行すべきであると結論づけていた。

板垣の意見は、西洋諸国の政治社会が遅れていることに失望したようにも聞こえる。だが、板垣はヨーロッパの生活社会の進歩を見て日本では生活社会の改善のためにも政治社会の改良が急務であると考えたといえよう（「民権派とヨーロッパの邂逅」）。

板垣は帰国後、自由党解党を発言し党員を奮起させ、資金募集計画を発案して、新たな党活動に乗り出す。板垣は自由党による政治社会の改良を諦めていなかった。

他方で、外遊費の出所をめぐって板垣の清廉潔白なイメージは低下していた。自由党もまた板垣・馬場らの党内抗争と改進党系新聞との論争などで大きな痛手を受けていた。

解党へ　1——急進派による激化事件

板垣の外遊中、自由党急進派による激化事件が頻発した。激化事件とは一八八〇年代、階層や職業を超えた人々が公私にわたる負担や政府の政策、国家・政治のあり方自体を問題化し、実力行使を含めた異議申し立てを行った事件である（「激化事件研究の現状と課題」）。

福島県では、三島通庸県令と河野広中県会議長ら自由党議員を中心とする福島県会が激しく対立した。府県会は一八七八（明治一一）年七月に公布された府県会規則によって設置され、議員は公選で選出されていた。府県単位ではあるが、国会開設前には唯一国民の要求を集約し、現実政治に反映できる機関であった。そのため、中央権力とその意を受けた府県が地方の自由民権運動と衝突する場となっていた（『「主権国家」成立の内と外』）。

三島県令は地元住民の反対を無視して、会津・喜多方地方と栃木・新潟・山形を結ぶ三方道路計画を強行した。一八八二年一一月二八日、捕縛された反対運動指導者の釈放を求めて喜多方警察署に押し寄せた住民に対し、官憲が抜刀して襲いかかった。翌日以降、河野ら自由党員や地元住民が相次いで逮捕される。いわゆる福島事件である。河野らは政府転覆を謀った国事犯とされ、河野は軽禁獄七年、他の五人は軽禁獄六年の判決を受ける（『自由民権運動史への招待』）。

一八八三年三月には、新潟県の頸城自由党員らが大臣暗殺・内乱陰謀を企てたとされた高田事件が起きた。

板垣帰国後の一八八四年二月には自由党内でも襲撃事件が発生した。栃木県の鯉沼九八郎、福島県の河野広體ら自由党急進派は壮士たちを収容する宿泊場所に困り、自由党幹事加藤平四郎や板垣らに談判したが、退けられた。怒った鯉沼らは自由党本部（寧静館）を襲撃、本部役員を一時放逐する騒動を引き起こしたとされる(『加波山事件』)。このとき、加藤は鯉沼らに対して本部からの退去を求め、応じなければ警察権を借りると述べて、鯉沼らの激しい反発を招いている。なお、党幹部と急進派の対立が明らかになったこの事件も『自由党史』にはふれられていない。

急進派の高揚、板垣の対応

板垣や党幹部はこうした急進派を抑える目的もあって、資金募集による「一大練武館」の設立を考え、一八八四(明治一七)年八月一〇日に有一館(ゆういつかん)を東京築地に設置する。有一館の主幹に就任したのは、板垣遭難事件で活躍した常備員内藤魯一であった。

板垣は有一館設立の演説で、人間は知識や道徳の上で完全ではなく、武力を止めることはできないと述べる。そして、自由主義に拠(よ)って武道を養成することで、士気・実力を養成して武力によらずに文治の功を得ることができると説いた。

しかし、自由党急進派を抑えることは、もはや困難であった。急進派には政党組織が消滅しても精神的な結合は存続すると考え、むしろ解党によって急進的な行動に出ようとする者も存在したのである(『「主権国家」成立の内と外』)。

一八八四年九月、栃木県の鯉沼九八郎、福島県の河野広體、そして茨城県の富松正安(とまつまさやす)ら自由党急進派は、栃木県庁開庁式に臨席する政府高官や栃木県令三島通庸の暗殺を企てたが、未遂に終わった。さらに、資金調達のため東京神田の質屋を襲撃する。だが、鯉沼らの爆弾製造中における負傷などで追いつめられた結果、自由党急進派一六名は九月二三日、茨城県真壁(まかべ)郡加波山で挙兵する。いわゆる加波山事件である。彼らは相次いで逮捕され、国事犯ではなく、常事犯(強盗殺人犯)として処罰され、七名に死刑判決が下された。

なお、内藤も加波山事件に参加した有一館生、小林篤太郎に逃走資金を与えた罪により逮捕され、軽禁固二ヵ月、罰金五円の有罪判決を受けている(「明治十七年加波山事件の附帯犯について」)。

自由党急進派の蜂起は、加波山事件に限らず続発していた。大蔵卿松方正義のデフレ政策によって没落した農民層(困民党)と結びつき、高利貸岡部為作の住居を打ち壊した群馬事件(一八八四年五月)、約一万人の農民が参加した困民党が武装蜂起し、埼玉県秩父郡を一時支配下に置いた秩父事件(同年一〇月)などである。一方、加波山事件で示された挙兵主義は自由党急進派による飯田事件(同年一二月摘発)、名古屋事件(同年一二月摘発)に引き継がれていく。

一八八五年に入ると、未遂に終わったが、日本にとどまらず朝鮮も巻き込もうとした大阪事件(一八八五年一一月)も起きている。大井憲太郎らが朝鮮での政治改革に荷担して朝鮮の宗主国を自認する清国と日本の軍事的緊張を高め、その危機を利用して各地の民権家が蜂起して政府を打倒しようとしたものである。

大阪事件は前年九月に板垣と後藤がフランス公使を訪問し、朝鮮政府の改革派を支援するために必要な資金をフランスから供与するよう依頼したことが発端であった。しかし、この計画は後藤が伊藤博文に情報を漏洩(ろうえい)したため挫折していた。なお、伊藤は外務卿井上馨らと相談、一八八四年一二月に、朝鮮改革派の金玉均(きんぎょくきん)らによるクーデターを支援して失敗している(甲申事変)。

解党へ２――自由党の資金募集計画失敗

話を少し戻すが、板垣帰国直後の一八八三(明治一六)年六月三〇日と七月二日に開催された自由党常議員会で、自由党の存続と、板垣が提案した一〇万円の資金募集計画が可決された(『明治自由党の研究』上巻)。

一八八三年八月二九日、板垣一行は海路高知へ帰ったが、高知の浦戸湾では多くの民権結社が船を浮かべて板垣の帰郷を歓迎し、翌日には盛大な懇親会が開催された。

九月五日、板垣は高知の民権結社発陽社に招待された席上で、自らが帰郷した理由を一〇万円の資金募集のためとし、それによって出版会社、党員の集会所、演武館を創設するとしている。

なお、このとき板垣は、自由党の解党についても言及したが、周囲に止められて取り消したとしている。また、陸奥宗光か中島信行に総理の職を譲るとの発言もしていた（『保古飛呂比』一二）。

板垣だけでなく、自由党幹部も各地を遊説して資金募集を呼びかけたが、その結果は散々だった。一八八四年三月の自由党春季大会直前までに集まった資金はわずかに一九三〇円であり、目標の一〇万円を大きく下回った。板垣は自由党の脆弱な体質では何事もなしがたく、解党か、総理辞任を希望すると再び発言する（『明治自由党の研究』上巻）。

これに対して、常議員星亨ら党幹部は党存続を求めて板垣を説得するために、四万二〇〇〇円に減額修正した資金募集計画と自由党総理への権限集中（総理の専断権）を決める。総理板垣への権限集中は自由党急進派のうち、特に加波山事件などを決行する過激な「決死派」の抑制も重要な目的であった（「自由党史研究のために」）。

三月一三日の自由党春季大会では、板垣が自由党総理に再選され、諮問（星亨・大井憲太郎ら）、幹事（杉田定一・加藤平四郎ら）、常備員（鈴木昌司・大井憲太郎・内藤魯一ら）の役員が設置された。自由党は再び全国各地に党幹部・党員を派遣し、自由党秋季大会までに党費を募集した。

しかし、その結果は再び散々であった。七月一〇日から内藤魯一は長野県（募金割当額二〇〇〇円）を遊説したが、九月二一日時点での募金総額は八九円四〇銭であり、給料その他諸経費を差し引くとわずか二五円三三銭四厘に過ぎなかった（『内藤魯一自由民権運動資料集』）。こうして、自由党の資金募集計画は完全な失敗に終わった。

一〇月二二日から自由党秋季大会に先立って相談会が開催され、解党賛成、反対、中間論というべき党縮小論が展開された。一〇月二六日、板垣は相談会の席上で募集された資金がわずか一万円あまりに過ぎないことを厳しく批判し、自由党の解党を主張する（『自由民権機密探偵史料集』）。一〇月二七日、板垣の解党論は党の方針となり、二九日に大阪北野太融寺（たいゆうじ）で開催された自由党秋季大会で解党する（『明治自由党の研究』上巻）。

一方、九月二二日に官吏侮辱罪容疑で拘引され、新潟で保釈中であった星亨は解党反対の電報を打電し続けたが、板垣らに無視された。その後、無念の想いを抱えた星は官吏侮辱罪で重禁固六ヵ月・罰金四〇円の判決を受けて入獄し、一八八五年一〇月に満期出獄する。

雌伏する板垣と家族たち

自由党解党後、一一月七日に板垣は高知に帰り、高知新田の屋敷に滞在して時機を待った。板垣は西南戦争後のように、自由党解党から約二年間にわたり雌伏の日々を過ごすこととなる。この間、板垣は数頭の愛犬とともに猟に出かけ、あるいは船を浮かべて釣りに熱中した(『板垣退助君伝記』二巻)。

外遊費の出所をめぐって批判された板垣であるが、その清貧は広く知られていた。たとえば、一八八七(明治二〇)年の授爵に際して、政府が板垣家の財産を調査したところ、猟犬二頭、猟銃二挺、家鴨二〇羽しかないと報道されている(『大阪日報』一八八七年五月二八日号)。板垣の好物は半熟卵と鮎の塩ふり焼き、潮江蕪(潮江は高知城の東南)であった(「板垣退助の好物」)。

この雌伏の時期、一八八五年六月二八日、正妻の鈴が四〇歳で病死する。ここで、史料上不明な点も多い、板垣の家族をさかのぼって簡単に整理しておこう(以下、『板垣退助君伝記』二巻、四巻中の「板垣退助年譜」、『板垣退助』、「板垣退助の好物」などによる)。

板垣家の系図を収録した『御侍中先祖書系図牒』によると、板垣の妻として林益之丞政護妹、後妻の中山覚之丞惣領弥平治秀雅二女の二人が記載されているが、いずれも離別している。『御侍中先祖書系図牒』は明治四(一八七一)年が下限のため、この時点までに二人と別れたことになる。

万延元(一八六〇)年六月一八日に長女兵が誕生している。軍事に没頭した板垣らしい命名であるが、娘につける名前としてはいかがなものかと思うのは、現代人の感覚であろう。

なお、二女は軍（元治元年一二月五日誕生）、長男は鉾太郎（明治元年五月一五日誕生）、三女は猿（一八七二年九月一六日誕生）である。このうち、軍と鉾太郎は妾政野の子とする板垣家の下女菊代の回想もあるが、定かではない（『聞き書 明治生まれの土佐』）。

その後、板垣は時期は不明だが、小谷正元の姉鈴と結婚した。正妻の鈴は子どもを残さず、先に見たように一八八五年に病死する。板垣には政野以外に清子という妾もいたが、さらに祇園の名妓とうたわれた荒木伊三郎の娘、荒木絹子を妾に迎え入れ、一八八五年一〇月一五日に庶子孫三郎が誕生している（翌年病死）。そして、一年半後の一八八七年一月一一日、板垣は妾政野を離籍している。

一八八九年三月六日、板垣は荒木絹子（三一歳）と結婚。絹子との間に、次男正実（一八八九年四月四日誕生）、四女千代子（一八九三年四月一二日誕生）、五女良子（一八九五年一月一日誕生）、三男六一（一八九八年一一月一四日誕生）を得ている。

この絹子が以後の板垣家を支え、板垣の死（一九一九年）を看取り、一九三八（昭和一三）年四月一三日に八〇歳で死去する。

4 辞爵事件の波紋、再起をかけて

板垣退助辞爵事件

一八八四（明治一七）年七月七日、「華族令」が公布され、公家や旧藩主、維新の功臣に公・侯・伯・子・男の五爵を授与した。さらに、一八八五年一二月二二日に太政官制が廃止され、内閣制度を創設して初代内閣総理大臣に伊藤博文が就任する。

一方、星亨・中江兆民ら民権派は一八八六年一〇月二四日に全国有志大懇親会を開催する。星らは小異を捨てて大同団結することを掲げ、旧自由党や立憲改進党など、旧民権派の再結集を図った大同団結運動を呼びかけた。

一八八七年五月九日、板垣退助、後藤象二郎、大隈重信、勝安芳（海舟）に伯爵、榎本武揚（えのもとたけあき）ら一三名に子爵が授与され、大隈・後藤は受爵した。この背景には、伊藤首相が再び活性化し始めていた民権派の機先を制し、在野指導者に叙爵を行うことで「官民調和」を一段と強化するという政治的意図があった（『伊藤博文と明治国家形成』）。

板垣は当時高知に滞在していた。大阪の有志大懇親会への出席と有馬温泉入浴のため五月一二日に高知を出発、一三日に神戸に到着した。そこで、板垣は後藤の使者から叙爵を伝達されている。自由民権運動の指導者板垣が天皇から爵位を受けるか否か、板垣は自らの信条、天皇への忠誠の狭間で重大な選択を迫られたといえよう。

当時の板垣らの動向を示す貴重な史料が、一八八七年五月一四日付片岡健吉・山田平左衛門宛林有造書簡（高知市立自由民権記念館寄託）である。立志社挙兵計画で禁獄一〇年の判決を受けた後、一八八四年八月に仮出獄した林は板垣が固く爵位を辞退する意向であることを知らせている。さらに、林は板垣がいったん受爵したうえで、しばらく日数が経過した後に辞退した方がよいと考えると片岡、山田に伝えた。このように、板垣は強固な辞爵論であったが、林が一度受爵したうえでの辞退を述べるなど、板垣周辺は一枚岩ではなかった。

五月二五日、板垣は上京、六月二日に三条実美内大臣と面談した。ここで三条や同郷の佐佐木高行、福岡孝弟らが板垣に受爵するように説得したが、不調に終わった（『伊藤博文関係文書』六）。六月九日、板垣は修正した辞爵表を吉井友実宮内次官を通じて明治天皇に奉呈する。

板垣は辞爵の理由について、明治維新の勲功によって厚禄や参議、正四位の位階を与えられており、天皇からの厚遇は極まっているとする。そして、自ら平生感ずるところもあって、爵位を受けて貴族に列しても、安んずることはできないと述べて、爵位を辞退した（『明治天皇紀』第六）。

板垣落涙の意味

しかし、六月一一日、板垣は吉井宮内次官と面会し、明治天皇の叡慮を伝えられる。明治天皇は板垣の維新前後における功労をいまも忘れておらず、その功労に報いなくてはすまないので、今回伯爵を授けたと伝えた（『伊藤博文関係文書』八）。板垣は落涙し、非常にありがたい次第であり、熟考すると答えている。このように、明治天皇の叡慮に正面から逆らうことができない板垣の涙は民権運動の指導者でありながら、維新の元勲という立場を象徴的に示している。

伊藤総理大臣は板垣に爵位を与えたのは、天皇が板垣のかつての功績を賞賛して与えたものであり、爵位を辞退するのは天皇の勅命に背いた朝敵であると厳しく批判していた。伊藤は吉井宮内次官から天皇の勅使の趣旨をよく伝達し、それでも板垣が受爵しなければ、強制的に受爵させるように主張している（『大阪日報』一八八七年六月三〇日号）。

伊藤博文（1841～1909）

六月二六日、東京浅草鷗遊館の懇親会の席上、板垣は爵位のことは受けようとも辞そうともまったく自分の考え次第であると述べた。叙爵は突然であったが、簡単な手続きで辞爵が天皇に聞き届けられるようにするつもりであったとしている。そして、板垣が貴族を嫌うのは明治維新における勤王の精神と同じであり、高知藩大参事として高知藩士族の等級を廃止して常職を解くなどの改革を実行したことを回顧して、華族制度を批判した（『大阪日報』一八八七年七月二一、二三日号）。

このように、板垣が辞爵にこだわった理由として挙げたのは、明治維新以来の封建門閥＝華族制度批判であった。ただし、板垣自身が藩政改革の際に身分制度にこだわったのは第二章で述べたとおりである。

また、板垣は自らが爵位を受けた場合、元老院や上院（貴族院）に押し込められ、言論が封殺されたり、孤立化するのではないかと危機感も抱いていた。さらに、板垣への叙爵に対して旧自由党系の関係者は反発しており、栗原亮一らを除いて、ほぼ全員が辞爵を勧めていた。特に、星亨は最も辞爵に熱心であった（「三島通庸文書」）。

板垣は天皇と辞爵を迫る星亨ら旧自由党系との板挟みに苦しむこととなった。その意味で、板垣の「勤王民権」は受爵によって両立不能となり、結局、旧自由党系の再分裂につながっていく（『明治憲法欽定史』）。

一方、藩閥政府では、三条内大臣が破格の取り扱いとして、板垣の辞爵を認めるよう、伊藤総理大臣兼宮内大臣に書簡を送っていた（『伊藤博文関係文書』五）。これに対して、伊藤は三条にたとえ板垣辞爵を認めても、その持論は明確にさせるべきであると主張し、井上馨外務大臣とも相談するよう希望した（『伊藤博文伝』中巻）。

伊藤は板垣の平素の議論は「所謂（いわゆる）アナルキスト（無政府主義者）かソシアリスト（社会主義

者)と同一主義」であり、辞爵事件を契機に板垣の民権主義が朝廷と相容れないものであり、皇室前途のために有害物であることをこの際に明確にしたいとの考えがあった(『伊藤博文伝』中巻)。それゆえに、伊藤は板垣に対して一歩も容赦しない考えを井上に伝え、三条らと熟慮のうえ、取りはからうように求めた。

爵位辞退と天皇の却下

板垣が強く爵位を辞退するなか、板垣への評価と期待は高まっていった。『大阪日報』は板垣の持論が国民権利の平等であるとしたうえで、自ら華族となれば不平等を生み出し、民権運動にも影響すると記した。そして、自由民権運動の指導者板垣が辞爵することで、将来二院制が設置された場合、貴族から選出される上院議員にならず、下院議員として選出される道を選んだとして高く評価していた(『大阪日報』一八八七年五月二〇、二一日号)。

さらに、大阪・神戸の有志者が板垣に国会開設まで阪神間に居住することを願って、それぞれ一日五円ずつの費用を負担する計画があると報道される。そこには、板垣が大阪か神戸から衆議院議員候補者となる期待もあったようである(『大阪日報』一八八七年七月一二日号)。

吉井宮内次官から明治天皇の叡慮を伝えられてから一ヵ月を経た七月七日、板垣は再辞爵表を提出した。板垣がかつて高知藩士族の常職・世禄を廃止したことを述べたうえで、華族制度を批判し、やはり爵位を辞退したのである（『板垣退助君伝記』二巻）。しかし、翌八日、明治天皇はこれを却下する。

結局七日後の七月一五日に板垣は宮中に参内して伯爵位を拝受した。この行動に星亨ら大阪にいた旧自由党関係者はこのような無節操の人物と将来ともに政治上の運動はすべきでないと議決、板垣を厳しく批判する（「三島通庸文書」）。

一八八七年八月一二日、伯爵を受爵した板垣は藩閥政府の「時弊十条」を批難する封事を皇太后宮大夫杉孫七郎を介して明治天皇に上奏、翌日に東京を出発して一六日に高知に帰った。板垣の封事には、一八七五年に明治天皇が板垣を招いて民撰議院設立建白書を採用する勅語を与え、板垣は政権に復帰したが、当時の有司が言を左右にして天皇の考えを曲げたため、自ら辞任したと記されていた（『自由党史』下巻）。

これに激怒したのが、伊藤博文である。伊藤自身も封事で総理大臣と宮内大臣を兼ねて天皇の名の下、国内に号令して専横の欲を遂げていると批判されていた。

伊藤は天皇にも確認したうえで、民撰議院設立建白書を採用する勅語など存在する道理はなく、天皇に対して事実を曲げるのは不遜・不敬・不忠であるとして、板垣の封事を却下するように求めた。板垣の封事は一〇月四日に事実相違の点があるとして却下され、官報に掲載された。その結果、板垣は辞爵奏請を拒まれ、さらに封事も退けられて、誤りまで指摘された。こうして、板垣は明治天皇に不信任された形となり、元勲政治家としての板垣の威信は大きく損なわれることになる（「黒田清隆の板垣復権工作」）。

他方でこの時期、板垣はアジア貿易計画について考えていた（『明治期の立憲政治と政党』）。アジア貿易計画については、史料が乏しく、現在でもあまり知られていない。

七月には、板垣が計画した亜細亜（アジア）貿易商会の趣意書「亜細亜貿易趣意書」（のちに『自由党史』下巻に収録）が完成するが、その実質的な筆者は側近栗原亮一である。亜細亜貿易趣意書は地理的特徴から日本がアジア貿易に最適であるとし、特に清国への海産物の直輸出を構想していた。その背景には、日本がアジア貿易により商権を獲得し、ひいては、国権も拡張すべきだというイギリスモデルの栗原の構想が強く反映されていた。

アジア貿易計画は三大事件建白運動が広がるなか、資金難などの課題を抱えて中止されたが、初期議会期における自由党の国家構想にも影響することとなる。

三大事件建白運動の高揚と挫折

一八八七（明治二〇）年七月二九日、井上馨外務大臣による条約改正交渉の実態、つまり内地雑居、裁判所への外国人判事・検事の任用を内容とする改正案が司法省法律顧問ボアソナードの反対意見書や農商務大臣谷干城の辞職などによって明らかにされたため、条約改正会議は無期延期となった。

これを契機に民権派は条約改正問題を重視して政府批判を強めた。その中心地は高知県であった。高知県の旧自由党員は一〇月以降、外交策の挽回、言論集会の自由、地租軽減を掲げた三大事件建白を元老院に提出、運動を積極的に展開する（「『三大事件建白運動』について」）。

受爵直後だった板垣は八月の段階で、主だった旧党員を集めて現内閣の専横を批判し、朝野の名士と通謀して一〇月に現内閣を転覆、有為の名士で責任内閣を組織しなければならないと演説している。さらに、板垣は生命財産を擲って、目的を達成するのは今日にあると旧党員を激励した。こうした板垣の演説に感激した旧党員らは全国に遊説員を派遣することを決議した。受爵を強く非難していた星亨も高知に来県して板垣の計画に同意して協力すると述べるなど、三大事件建白運動の気運は高まっていく（「三島通庸文書」）。

全国各地から三大事件建白運動の総代が上京し、片岡健吉も一〇月二三日に高知を出発した（『片岡健吉日記』）。しかし、一一月九日に帰県し、上京を勧める山本幸彦（西山志澄の実弟、のちに衆議院議員）らに対して、板垣はその時機ではないと述べていた。一二月八日、帰県した西山志澄らも板垣の上京を促すが、板垣は同意しなかった（「土佐国民情一斑」）。一二月一五日、二府一八県の総代九〇余名が東京で会合、建白書を元老院に提出した。さらに、総代の代表として星亨と片岡健吉が選出され、一二月二六日に伊藤首相を訪問することが決まる。これに対して、伊藤内閣は一二月二五日に保安条例を公布、即日施行し、翌二六日には片岡、星、林有造、竹内綱ら四五一名が皇居三里外へ追放処分とされた（「保安条例の施行状況について」）。

なお、『自由党史』は保安条例の追放対象者を六〇〇名とするが、編纂者の宇田友猪が『土陽新聞』に連載した「三大事件史」（一九〇六年）で五七〇余名と誇張した退去者を、和田三郎が『自由党史』（一九一〇年）でさらに六〇〇名と増やしている（『明治期の立憲政治と政党』）。

一方、保安条例の退去勧告に抵抗した片岡、西山、山本、坂本直寛ら二二名は裁判の結果有罪となった。片岡は軽禁固二年六月・監視二年の量刑を受け、立志社の獄に続いて投獄された。板垣を首領とする土佐派は有力者を投獄され、大打撃を受けた。

保安条例施行後、板垣は嘆息して政府が保安条例を施行したのは、自らの考えを用いずに各県総代らが壮士を東京に招集して危険で過激な運動をする勢いを示したためであると述べていた（「三島通庸文書」）。板垣は運動がさらに過激化することを懸念し、自ら上京することを避けたのかもしれない。

三大事件建白運動が弾圧された後、旧自由党系の中心となったのが当時在野の立場にあった後藤象二郎である。

すでに、後藤は一八八七(明治二〇)年一〇月三日、東京芝公園の三縁亭(さんえんてい)で大同団結を訴えて、丁亥倶楽部(ていがいくらぶ)を創設、旧自由党系の結集に努めていた。さらに、後藤は一八八八年七月に東北遊説、一二月に東海・北陸遊説を実施する。その背景には、後藤の政治的意図や手腕だけでなく、地域の民権家による積極的な要請があった(「後藤象二郎の地方遊説」)。

しかし、一八八八年二月一日、立憲改進党の元総理大隈重信が伊藤内閣に外務大臣として入閣し、旧自由党系に立憲改進党を加えた大同団結運動は幻となった。さらに、翌年三月二二日には後藤が伊藤内閣の後継、黒田清隆内閣の逓信大臣として入閣する。その結果、旧自由党系による大同団結運動は指導者を失って分裂する。

他方、板垣は一八八八年を高知で過ごし、高知から大同団結運動を眺めていた。明治八年政変による下野、西南戦争後、自由党解党に続く、板垣にとって四度目の閑雅な日々であった。

一八八九年二月一一日、大日本帝国憲法が発布された。憲法発布による大赦で入獄していた旧自由党系の河野広中、大井憲太郎、片岡健吉らも出獄する。当時、五三歳の板垣は憲法発布祝賀式後に高知巴塘得月楼で開催された宴会に参加、帰宅後、「春あさみふるにかひなき淡雪の花とみまがふひともありけり」の和歌を詠んで、憲法の名前に歓喜してその内容が何かをわきまえない国民を風刺したとされる（『板垣退助君伝記』三巻）。だが、高知の『土陽新聞』の当該記事に板垣の参加はふれられておらず、『板垣退助君伝記』の記述には疑問が残る。

大日本帝国憲法発布後の黒田内閣を板垣は評価しており、憲法発布についても批判した史料は管見の限り見あたらない。三月には黒田首相と伊藤博文の間で板垣入閣も検討されており、板垣は入閣を辞退したが、黒田首相の公平さに感服していた（『伊藤博文関係文書』四）。

板垣は片岡健吉に黒田の努力を高く評価する旨の伝言を託して上京させ、四月六日に片岡は黒田と面会している。黒田からは片岡と後藤を介して、板垣の上京を望む伝言を伝えられていた。黒田は板垣を含む主要全政党の指導者を入閣させて公正・円滑な政治運営をはかろうと考えていた（「黒田清隆の板垣復権工作」）。

板垣が憲法発布に際して遺憾と考えたのは、岐阜遭難事件の犯人相原尚褧が国事犯でないため、大赦から漏れたことである。板垣は相原の大赦を明治天皇に哀訴し、その結果、相原は三月二九日、特別に大赦になった（『土陽新聞』一八八九年三月三、一七、四月六日号）。のちに相原が板垣に面会して謝罪し、大赦への礼を述べた際、板垣はもし自分が将来に不忠不義を働き国家に害を与えた場合、再び危害を加えられても避けないであろうと答えている（『土陽新聞』一八九〇年五月一九日号）。板垣の寛大さを示すエピソードである。

五月七日、板垣は黒田の要請に応えて高知を出発し、まず大阪に向かった（『植木枝盛集』八）。八日には板垣は旧自由党系の大阪倶楽部員を前に演説、後藤の入閣を、時機を見て判断した行動と擁護した。そして、明治政府が大日本帝国憲法の発布と同時に国事犯の大赦、後藤の入閣など、公明正大の方針をとっていると高く評価している。そこで旧自由党員も専制政治の弊害を打破して、立憲政治の下、実際的な政策を講究し、国民全般の幸福を増進する準備に着手すべきであると述べた。

また、板垣は帝国議会で政府と激突し、第一議会から連続して解散を招いた場合、国民の幸福を担保できないとしている。もし、政党が政権を掌握した場合も専制政治下で設立された軍部が政党の統制に服さないであろうと指摘した（『土陽新聞』一八八九年五月一四、一六日号）。第一議会での激突回避を望む漸進的な路線は、帝国議会開会後の板垣の行動へとつながっていく。

愛国公党の結成――旧自由党系の結集

一方、大同団結運動は、運動を全国的な政社組織に改め政党にしようとする河野広中ら政社派と、大同団結運動を担った諸派をゆるやかに連合する形を目指す大井憲太郎ら非政社派が対立していた。

五月九日、板垣は上京したが、翌一〇日に大同団結大会が開催され、政社派は大同倶楽部の設置を決定する。同日には、大井ら非政社派が大同協和会を設立し、旧自由党系の分裂は決定的となった（『植木枝盛集』八）。

五月二〇日、板垣は明治天皇と昭憲皇后に拝謁している。これは、黒田首相が元勲政治家としての威信を失っていた板垣を復権させようとしたためである。黒田は五月一八日に板垣と面会しており、天皇・皇后への拝謁に便宜を図るなど、両者の信頼関係を醸成していた（「黒田清隆の板垣復権工作」）。このとき、板垣は黒田に「真に官民調和上下一致之事」を希望し、政府と民権派の和解と地方自治の拡充によって、日本の独立を達成して万国と対峙すると述べている（「吉井友実関係文書」）。

さらに、板垣は黒田に忠告している。政府が人民に対する防御を撤去し、言論・集会・結社の自由を許すこと、平和を旨としながら国会の準備をするようにと（『板垣伯之意見』）。結局、板垣は黒田内閣に入閣することはなく、大隈重信外務大臣による条約改正問題の是非をめぐって両者の意見は対立し、関係は決裂した。

六月二九日に高知に戻った板垣は大同倶楽部、大同協和会の双方を取り込む目的で愛国公党の結成を計画、一二月一九日に大阪で旧友懇親会を開催する。すでに板垣は大同協和会の大井らと会見、大同倶楽部・大同協和会の双方を調和し、愛国公党を結成する決意を述べていた。ところが、大井らは自由党再興の目的に反するとして懇親会を欠席した。一方、大同倶楽部は河野の意見で旧友懇親会に出席して板垣の主張を聞いたが、大同倶楽部の名称を愛国公党に変更することについては否決している（『河野磐州伝』下巻）。

板垣は仲裁調和の精神で愛国公党を主唱しようとしたが、これは今日困難であり他日を期すと、杉田定一に書き送っている（『杉田定一関係文書史料集』一巻）。板垣は愛国公党による旧自由党系の調和を諦めていなかった。

年が明けて、一八九〇年一月三日、板垣は愛国公党大意（趣意書）を発表した。板垣は愛国公党の名称を選択したのは両派の調和を図るだけでなく、広く自由主義者の一致合同を図るためであり、その名称にはこだわらない考えを示している。

一方、板垣は専制政治の下では、政党は危険を冒して時世の変化を作らなければならないが、立憲政治の下では主義に基づき時勢に適した綱領を定め、実際の問題については政務に任じて国会の議事に付すべきであると論じた。板垣は主義に応じた一大政党の樹立が必要であると強調する（『板垣伯之意見』）。

板垣は地方遊説よりも政務調査を明らかにして愛国公党の方針を公開することが天下の急

務と考えていた。また、愛国公党の地盤であった関西地方の団結を強化する必要があるとしたうえで、板垣の側近である栗原亮一らは二月頃から政務調査を開始し、四月か五月頃までには大体の政策をまとめなければならないと杉田に述べている（『杉田定一関係文書史料集』二巻）。

五月五日、愛国公党創立大会が東京で開催され、板垣が会長に就任し、宣言書が発表された。当時、愛国公党と大同倶楽部、再興自由党（旧大同協和会）の間で合同の談判が進み、結党式を延期して、創立大会としたのである（『植木枝盛集』八）。

愛国公党は以下に記す五ヵ条の政綱を掲げた。施政はなるべく干渉を省くこと、地方分権、対等外交、防御を主とした兵備、財政は節制を旨とし、経費は民力に適応すること、である（『土陽新聞』一八九〇年五月九日号）。

また、愛国公党は初期議会で討議する項目を八点掲げていた。それは①地租軽減、②政費節減、③租税徴収法の改正、④新聞集会出版の三条例改正、⑤保安条例の廃止、⑥警察制度の改良、⑦獄制の改良、⑧私設の商工業に特別保護を与えないこと、である。これらの条項は漸進主義的な改革路線であり、旧自由党系の合流を進める意図があった（「大同団結運動末期における愛国公党結成の論理」）。

第四章　帝国議会下の政党政治家——院外からの指揮

1　立憲自由党への結集——貴族院勅選議員の辞退

第一回総選挙と立憲自由党の結成

一八九〇（明治二三）年五月一四日、愛国公党・大同倶楽部・再興自由党の旧自由党系三派は政社組織を解き、庚寅倶楽部（こういんくらぶ）と称する統一政党を組織すること、庚寅倶楽部は自由主義を掲げて第一回総選挙後に結党式を行うことを決定した。

一八九〇年七月一日、第一回総選挙が実施された。この選挙は国税一五円以上を納める二五歳以上の男子有権者四五万人に投票権があったが、人口約四〇〇〇万人の約一％に過ぎなかった。議員定数は三〇〇名、一つの選挙区から一人を選出する一人区が二一四、二人区が四三の変則的な小選挙区制度であった（『帝国議会誕生』）。

投票結果は、新聞各紙によって異なるが、稲田雅洋による詳細な研究では、自由党系一二七（旧自由党系三派が九六、九州の自由党系団体の連合組織である九州同志会二六、他五）、改進党系五四、無所属の大成会系七四、無所属の四五であった（『総選挙はこのようにして始まった』）。なお、板垣の地元高知県からは、第一区竹内綱、第二区林有造、片岡健吉、第三区植木枝盛が当選し、全選挙区を愛国公党が独占している。

選挙結果を踏まえて、大同倶楽部、愛国公党、再興自由党、九州同志会の自由党系四派は解散して合同を決議、九月一五日に立憲自由党が結成された。当初、立憲改進党系を含めた「進歩党構想」もあったが、改進党が求めた立憲自由党の綱領改正案などをめぐって合同は暗礁に乗り上げ、進歩党構想は挫折した（『帝国議会誕生』）。

立憲自由党は党首を置かず、当初は党務一切の責任を担当する五人の幹事を置き、院外者の田中賢道（熊本）・重野謙次郎（山形）・石塚重平と、代議士の片岡健吉・石坂昌孝（神奈川）が選出された（『日本政党史論』2）。しかし、その地位は党の最高指導にあたるものではない。大同倶楽部（河野広中）、愛国公党（板垣退助）、再興自由党（大井憲太郎）、九州同志会（松田正久、山田武甫）ら旧党派の指導者による多頭制の政党運営だった。

また、立憲自由党の意志決定機関である常議員会と臨時評議員会は衆議院議員ではない院外者が過半数を占め、大井憲太郎ら院外勢力（二七会）は壮士によって衆議院議員に圧力をかけた。さらに、地方政社と中央指導部の結びつきも弱体であった（「初期議会期における自由党の構造と機能」）。

近年、国立国会図書館憲政資料室で公開された「議員総会録事」によると、一八九一年一月一六日、幹事が代議士の新井章吾（栃木県選出）、駒林広運（山形県選出）、蒲生仙（鹿児島県選出）を衆議院で統一した運動を実施する役割を担う整理委員に推薦している（「憲政資料室収集文書」）。しかし、二月三日には河野広中、新井章吾、松田正久が議員会の投票で新たに整理委員に選出されており、衆議院での統一した運動に苦慮したことがうかがわれる。

自由党土佐派の成立

立憲自由党の結成後も旧大同倶楽部（河野広中ら東北派）、旧愛国公党（土佐派）、旧再興自由党（星亨ら関東派）、旧九州同志会（松田正久ら九州派）の流れは残り、自由党の派閥を形成していく。

一八九三（明治二六）年までに自由党は府県レベルを超えた各地域の地方団に再編成された。東北会（東北）、関東会（大井派）と関東自由会（星派）、北信八州会（北陸と長野県）、関西会（当初は東海・近畿・中国・四国で、のちに東海が分離）、東海一一州会（東海）、九州自由会（九州）である。このうち、東北地方は旧大同倶楽部、関東地方は旧再興自由党、近畿・

中国・四国地方は旧愛国公党、北陸地方は旧大同倶楽部と旧愛国公党、九州地方は旧九州同志会のそれぞれ地盤であった(『立憲国家の確立と伊藤博文』)。

板垣が中心となった派閥は旧愛国公党の系譜を引く土佐派である。自由民権運動期の土佐派は主に土佐人(高知県人)という出身地を指す名称として使われることが多かった。ところが、立憲自由党の結成以降、旧愛国公党の地盤となった地域やその有力者を含めて土佐派の名称が使用され、後述する第一議会での「土佐派の裏切り」以降、名称が定着する。

なお、土佐派については、一八九三年六月、星亨が運営してきた自由新聞社が本部直轄となって板垣の指図通りに運営することとなり、その際に、土佐出身の江口(小松)三省、山本幸彦、宮崎晴瀾に加えて、栗原亮一(三重県選出、衆議院議員)、直原守次郎(岡山県出身)らが『自由新聞』に協力することになった。このときに土佐出身の中野寅次郎は自由新聞社が土佐派の所有になったと書簡に記している。このことからも、土佐派は栗原ら他県出身者を含めて自らを土佐派と呼んでいたことがわかる(「片岡家資料」)。

こののち土佐派は、一八九四年の第三回総選挙以降、自由党の地方団体関西会の勢力範囲であった近畿、中国、四国を自らの勢力基盤とするが、九七年以降、関西会が近畿会、中国会、四国会へと分立して徐々に勢力を失った。話を先走ると、土佐派は一九〇〇年の立憲政友会に参加、〇三年にその大部分が政友会から脱会して自由党の再興を目指すも、失敗して消滅する。

貴族院勅選議員辞退とその背景

一八九〇（明治二三）年一一月二九日、第一回帝国議会が開会されたが、衆議院議員のなかに板垣の姿はなかった。板垣が衆議院議員になれなかったからだ。理由は衆議院議員選挙法（一八八九年二月一一日公布）の第四章第一六条で、華族の当主は衆議院議員の選挙人および被選挙人になることができないと規定されていたためである。先述したように、板垣は一八八七年に伯爵を受爵していた。

第一回総選挙の翌月、一八九〇年八月の貴族院勅選議員任命に際し、板垣が真っ先に勅選議員に任命されるとの観測が流れた（『土陽新聞』一八九〇年八月二日号）。

当時の貴族院は①皇族議員（全員）、②公爵・侯爵議員（全員）、③伯爵・子爵・男爵議員（成年に達した同爵議員による互選）、④勅選議員（国家に勲功があり、または学識ある者から勅任）、⑤多額納税者議員（多額納税者一五名より一名を各都道府県から互選）で構成される。板垣は伯爵議員として互選される可能性もあったが、辞退の意向を示して一三票で落選していた（『江湖新聞』一八九〇年七月一一日号）。

九月二六日、板垣は山県有朋総理大臣と二時間にわたり会談した。明治天皇は板垣を貴族院勅選議員に任命する内命を下していたが、板垣は山県を通じて辞退する(『土陽新聞』一八九〇年九月三〇日、一〇月一日号)。板垣は辞退について、平素の主義によって貴族院の外にあって政党に拠り、立憲政治のために尽くしたいと述べていた(『明治天皇紀』第七)。

山県内閣が板垣を貴族院勅選議員に任命しようとしたのは、天皇や内閣が反政府的な板垣を勅選議員に推薦するほど、選考の際に公平性を重視した結果であるとの見方がある(『明治立憲政治と貴族院』)。一方、反政府派の板垣をどう取り込むかを考えた結果の人事案という見方もあるが(『帝国議会誕生』)、両方の説ともに否定できない。他方で板垣が貴族院勅選議員を辞退した背景については不明な点が多い。

当時、地元紙では、板垣がよい政党を創設し、矯正の世論を起こす観点から、立憲政体の樹立を助ける意向を示し、貴族院でもこうした方法ができないわけではないと述べている。しかし、板垣は貴族院の伯爵選挙互選の際に、辞退の意向を示した以上、従来の行動と自己の良心に鑑(かんが)みて勅選議員を辞退したとする(『土陽新聞』一八九〇年一〇月三日号)。

また、板垣側近の自由新聞記者、直原守次郎も板垣が貴族院議員よりも衆議院議員を希望していたが伯爵となったためにかなわなかったとし、板垣は自ら国会の議場に立って働くよりも、国会の製造者を自任していると述べている。板垣は元来日本には天皇と人民以外に国家を構成するものはなく、両者の間に華族のような障壁を設けるのは自由主義を持論とする自分の断じて排斥するところであると強調していた（「中山寛六郎関係文書」）。

さらに、板垣は衆議院が期待に応えられない場合、貴族院に権力を占められることを警戒していた。貴衆両院関係に本質的な敵対関係を想定していたことも辞退した一因であった（「貴衆両院関係の出発」）。

これらを総合すると、板垣の貴族院勅選議員辞退の背景には、板垣の天皇・華族観があり、天皇と人民の間に華族のような障壁を設けない一君万民主義があった。これは、同時に板垣が貴族院議員として政党を指導することへの拒否感につながっていた。その結果、国会の製造者を自負する板垣は自由党の衆議院・貴族院議員とならずに、自由党を院外から指揮することとなる。

政策政党へ――栗原亮一の「通商国家構想」

一方、板垣は帝国議会開会という新たな局面で、政党のあり方を大きく変えようとする。板垣は国家構想の下、具体的な政策を提示する政党を目指す。専制政治の下では、やむなく破壊的な運動を行ったが、議会政治の下では、議会を尊重する建設的な政党を目指したのである（『土陽新聞』一八九〇年五月二日号）。そのために必要なものは政策であった。

なお、板垣はイギリスの政党が主義ではなく、事実問題で争う例を念頭に置いたうえで、日本でも政党の主義と一国の国是（国家方針）とは別物であると述べている。主義の上位にある国是に関しては各党派が一致すべきであり、国是を政党の主義にすべきではないと考えていた（『大阪朝日新聞』一八九〇年一一月六日号）。

一〇月二〇日、板垣ら旧愛国公党系の機関紙『自由新聞』が刊行された。板垣は『自由新聞』刊行に非常に熱意を燃やし、新聞刊行が実現できなければ、高知に帰って趣味の釣りで余生を送るとまで述べたという。その背景には、党内で暴力が横行し、壮士が党員を護衛するような立憲自由党への板垣の不満があり、第二の純粋な自由党を設立しなければ、日本の国是を定めることができず、自らの考えを発信できないとの思いもあったようである（「中山寛六郎関係文書」）。

では、板垣ら自由党土佐派の構想した国是とはいかなるものか。それは『自由新聞』主筆栗原亮一の「国是論」として発表されている（『自由新聞』一八九〇年一一月五、六、七、八日号）。栗原は日本が島国であり、将来の北米運河計画（現パナマ運河）、シベリア鉄道などにより世界の要港になると予測し、日本が海運通商を国是とすべきであると主張していた。

一方、栗原は歴史上、国是は「皇統連綿」（万世一系の皇室）にもあると述べ、天皇が政党の紛争に関係せず、内閣が政治責任を取る立憲政治の確立を主張する。そして、立憲政治では内閣が政党によって構成されるため、責任内閣は政党内閣でなければならないと論じた。

栗原は「通商国家構想」の具体的な政策として、海外貿易と殖民を挙げた。これらを保護するために、海軍拡張についても論じている（「軍備論」、『自由新聞』一八九一年一月一、三、六、七、八、九、一〇、二五、二七、二八、二九、三〇日号）。

また、栗原は殖民政策の利点について、殖民した日本人が外貨を本国に送金すること、日本から物産を買うこと、各種事業を起こすことを挙げ、日本が外貨を獲得し、列強との貿易競争に参入するために、その必要性を説いている（「日本人民の方針」、『自由新聞』一八九一年一月一五、一六、一七、一八日号）。

注目すべきは、栗原が「軍備論」で民力休養は今日の急務であり、政費を節減するの説がしきりにあるといっても、国家必要の軍備を欠いてこれを節減すべきであるという者はいないだろうと述べた点である。愛国公党や立憲自由党では、民力休養・政費節減が公式の政策目標であったが、栗原はこれらのための軍備削減は避けるべきとの立場を示していた。

板垣は一八七八年の愛国社再興以来、栗原が書いたものは「或は自由党の意見となり、又た余の意見ともなり積んで巻を為して居る」と述べており、絶大な信任を彼に置いていた（『伊勢新聞』一八九二年二月一〇日号）。板垣は栗原の「通商国家構想」を採用し、自らや自由党の方針として発信していく。

ただし、栗原によって立案された「通商国家構想」が党の方針となるのは第一議会を経て、板垣が自由党総理となり、一八九一年五月に政務調査部を発足させた後であった。

2　第四議会までの政治攻防――「土佐派の裏切り」

第一議会の混乱

第一議会（一八九〇年一一月二九日開会）では、第一次山県有朋内閣が提出した予算案に対し、立憲自由党・立憲改進党の「民党」が「民力休養」（地租軽減）・「政費節減」を要求して対立する。立憲自由党、立憲改進党は官制改革を行って政府予算案を八〇六万円余り削減する査定案を主張し、山県有朋内閣と対峙した。

当時は田畑の地価の二・五％が地租として納税義務を課されていた。このうちの〇・五％（五厘）が減税され地租が二％となった場合、税の賦課率は二〇％下がる大幅減税となる。教科書にも登場する有名な対立であるが、実態はかなり異なっていたことが近年わかってきた。

原田敬一の研究によれば、山県内閣は一八九一年一月時点の閣議で「民党」が主張する「政費節減」による「地租軽減」案の採用をほぼ「内議」（内定）していた（『帝国議会誕生』）。つまり、政府側は当初民党の要求である地租〇・五％減を認めていた。

一方、立憲自由党では板垣が一二月七日に常設委員（定数五名、他は大井憲太郎・星亨・高橋基一・中島又五郎）に選出された。一八九一年一月には、有力な院外党員の大井・星と西山志澄が党幹事にも就任しており、大井・高橋・中島ら院外党員を中心とする大井派（二七会）が勢力を広げていった（「憲政資料室収集文書」中の「議員総会録事」）。

一月一八日、栗原亮一が『自由新聞』に社説「我党の諸士に訴う」を掲載する。そこでは、立憲自由党の失敗は日本の議会政治の失敗であり、第一議会を失敗に終わらせてはならないとし、立憲自由党・立憲改進党が主張する査定案の再検討を求めた。これに対して、大井派は立憲自由党の党議に背く社説に強く反発して撤回を要求した。だが、撤回要求を不満とした板垣、栗原は立憲自由党からの分立を宣言する。結局、この問題は星亨、河野広中らの懇願によって撤回要求を取り消したため、板垣が一月二一日に分立を思いとどまることで落着している（『自由新聞』一八九一年一月一八、二二日号）。

一月二八日に開催された立憲自由党の院内団体弥生倶楽部の議員集会で板垣は党議への服従と一致した運動の必要性を説いた。その際に、これまで板垣に発言権がなかった議員集会で、自由党幹事とともに、発言・討議する権利を認められた（「憲政資料室収集文書」中の「議員総会録事」）。板垣はこのように立憲自由党内で存在感を発揮したが、二月一日の議員集会で一度議長に就任したものの、以後、議員集会には参加しなかったようである。

「土佐派の裏切り」と政治的背景

二月二〇日、政府に近い大成会の天野若圓（岐阜県選出）が大日本帝国憲法第六七条費目について、衆議院の決定以前に政府の同意を求める緊急動議を提出した。

第六七条は、憲法上の大権に基づく既定の歳出や法律上政府の義務に属する歳出などの削減には政府の同意が必要であると定めていた。このため、議会の審議範囲ははじめから制限されており、政府は査定案による削減が第六七条に抵触し、予算審議権の範囲を超えると問題視していた。

この天野動議は立憲自由党から林有造、片岡健吉ら旧愛国公党系を中心に二四名が賛成に回り可決する。それは、査定案を党議としてきた立憲自由党などの民党の敗北を意味した。これがいわゆる「土佐派の裏切り」と呼ばれる事件である。

二月二四日、天野動議に賛成した林や片岡・植木枝盛ら衆議院議員二四名は立憲自由党を脱党し、さらに五名を加えて自由倶楽部を結成した。二六日には板垣、栗原も脱党している。

一方、天野動議を受けて、山県首相・松方正義蔵相が中心となり、政費の削減分を国防・治水に充てることを二月二七日に決定した。山県内閣は予算案成立の見通しが立ち、民党に妥協する必要がなくなったため、地租〇・五％減を撤回した（『帝国議会誕生』）。

二月二六日、衆議院で政府と交渉する特別委員会の委員長に安部井磐根（福島県選出、大成会）、理事に三崎亀之助（香川県選出、自由倶楽部）、委員に片岡健吉、小林樟雄（岡山県選出、自由倶楽部）らを選出。特別委員会での減額（六五一万円）を経て、最終的に政府予算案は衆議院で三月二日に修正可決する。その後、修正された予算案は三月六日に貴族院で可決・成立し、八日に第一議会は閉会した。

土佐派が政府との妥協に応じた背景には、第一議会を無事に終了させたいという板垣らの意向があった。議会対策を担当した法制局長官井上毅は天野の動議は元来、板垣の「平和之持論」から自由党諸氏のアドバイスで起こったと見ている（『井上毅伝』史料編四）。

こうした認識は板垣を支えた土佐派の片岡健吉、林有造も同じであった。片岡は日本が東洋最初の国会＝第一議会で予算不成立という不幸を見るのは誠に遺憾であり、人民に対しても予算の不成立はいかにも残念であると述べている（『帝国議会誕生』）。

また、林も第一議会は将来に模範を残す大切な初期の議会であるだけでなく、条約改正という難題も眼前に控えているので、政府・議会が国家のため、互いに譲歩して円満な結果を残すべきだと述べていた（「中山寛六郎文書」）。

こうした、東洋最初の議会を失敗させてはならないという考えは土佐派だけでなく、自由党内にも実は幅広く浸透していた。それがのちに板垣の自由党総理就任への伏線となる

（「第一議会と自由党」）。河野広中も脱党者に対して、藩閥政府に味方しないこと、第二議会までにぜひ復党する意志を持ってもらいたいと注意したという（『河野磐州伝』下巻）。板垣と自由俱楽部との関係も継続しており、植木枝盛は自由俱楽部の集会終了後の四月一三日、九月一六日の両日に板垣を訪問している（『植木枝盛集』八）。

他方で、立憲自由党の整理委員河野広中、松田正久、新井章吾は、議会で一致した行動を取ることができなかった責任を取り辞任している（「憲政資料室収集文書」中の「議員総会録事」）。こうした反省ものちの中央集権的な党体制の構築、院内総理の設置につながることになる。

自由党大阪大会と板垣の総理就任

第一議会閉会後の三月二〇日、自由党大阪大会が開催された。党大会では、離党した板垣が復党のうえ自由党総理（任期六ヵ月）に就任し、幹事三名・事務員三名が設置され、幹事は従来より権限が縮小された。また、党務に参画して党役員を監督し、大会に提出する議案を調査した常議員会が廃止され、総理の諮詢（しじゅん）に答える諮問機関に権限が縮小された参務会があらためて設置される。そして、立憲自由党から自由党へと名称が変更された（『国会』一八九一年三月二四日号）。

この大阪大会では、星亨が河野広中、松田正久、杉田定一、山田武甫（熊本県選出）ら有力者と連携し、板垣の総理就任に反対した大井憲太郎らの抵抗を排除して党大会を主導した。星は自由党を代議士中心の中央集権的な党組織に編成替えし、藩閥政府に対抗する基礎を作ろうとしたのである（『立憲国家の確立と伊藤博文』）。

しかし、星は自由党解党、辞爵事件と板垣の決断に異論を唱えてきた人物である。なぜ再び板垣を総理に担いだのか。

第一議会の当初、大井憲太郎は星らと会談、板垣の辞爵事件を痛烈に批判して、「耄爺（おいぼれじじい）（板垣は当時五五歳）」は我が党の首領となる資格はなく、断然排斥してともに自由党を主導しようと呼びかけた。これに対して、星は穏やかに今日の星は今日の板垣にかなわない、それは板垣と星の一人ひとりの比較ではなく、団体統括や人望の向背がどうなるかであると述べ、やはり板垣を頭に戴（いただ）くより外に仕方がないと返答する（『星亨とその時代』2）。

星は板垣がいかに駄目であろうと、党勢維持拡大に必要な限りは板垣を担がなければならないと割り切っていた（『星亨』）。現実主義者星亨と板垣にとって代わろうとした大井憲太郎の違いが如実に表れたエピソードといえよう。なお、大阪大会で敗れた大井はのちに脱党し、一八九二年一一月に東洋自由党を結党するが、政党指導者としての影響力は急速に失われていった。

一方、板垣は大阪大会の直後、「板垣氏政党組織意見書」を『自由新聞』に発表し、従来の党の弊害を矯正して大きく改革する考えで総理を引き受けたと述べ、この機を逃さずに改革する決意を強調した（『自由新聞』一八九一年三月二六日号）。そして、自由党を国会議員中心の政党とし、議員が総理を推薦すること、総理の任期を削除し、その権限を強化すること、議員を内閣の各省と対応した各部に分けて各部長が総理を補佐する制度を設置することを掲げた。板垣は各部長が総理を補佐し、総理が各部長と協議して党議や党務を定める制度について、総理大臣と各省大臣の関係になぞらえている。

当時、議会制度の先進国イギリスでは保守党・自由党による政策本位の二大政党制の基盤が構築され、一八六八年から八六年の間に保守党と自由党が交互に政権を担当した。その結果、前内閣のメンバーによる会合＝影の内閣（シャドーキャビネット）が恒常的な党組織となった（『ヨーロッパの政治』）。一九〇〇年代には、前内閣が影の内閣として制度化されるが、板垣らはイギリス政治を参考にして政務調査部を設置したと考えられる。

自由党の組織改革——政務調査部と院内総理の設置

板垣は衆議院議員でも貴族院議員でもなく、非議員の立場から自由党を指導できる体制を構築する必要があった。そのために、以下三点を実行する。

第一に、自由党の党議および重大な党務を決定する際に開催された代議士総会に出席し、板垣が会長（議長）を務めて議事を進行したことである（『自由党党報』一号）。

第二に、「板垣氏政党組織意見書」で掲げた政務調査部を設置したことである。一八九一（明治二四）年五月二四日、自由党事務所の協議で政務調査上の便利のため、自由党議員を六部に分け、正副部長選挙を実施している。政務調査部長の権限は総理を補佐して党略を定め、党勢の拡張を計画し、各部を整理するものであった。

政務調査部長には、第一部（外務）に松田正久（九州）、第二部（内務・文部）に河野広中（東北）をはじめ、第三部（大蔵）に河島醇（九州）、第四部（司法）に新井章吾（関東）、第五部（海陸軍）に杉田定一（北信）、第六部（農商務及逓信）に山田武甫（九州）が就任する。彼らは各地域に地盤を持つ衆議院議員の党有力者である。彼らを政務調査部に配置することで政党指導と政務調査を併行させる体制を形成し、その下に議員を希望する部に配置した。なお、党有力者の星亨・大井憲太郎の名前がないのは、彼らが非議員のためである。

一〇月の自由党大会後、総理板垣退助、党務一切の事務を整理する幹事に石塚重平、重野謙次郎、庶務を担当する事務員に龍野周一郎、畑下熊野がそれぞれ選任される。そして、総理は大会の推薦によって決定し、任期も削除されたため、その権限は強化された。

一八九二年三月二五日、代議士総会で政務調査部正副部長を各部の部員による互選とし、

4－1　第2議会～第4議会の自由党体制
（1891年10月の党大会以降）

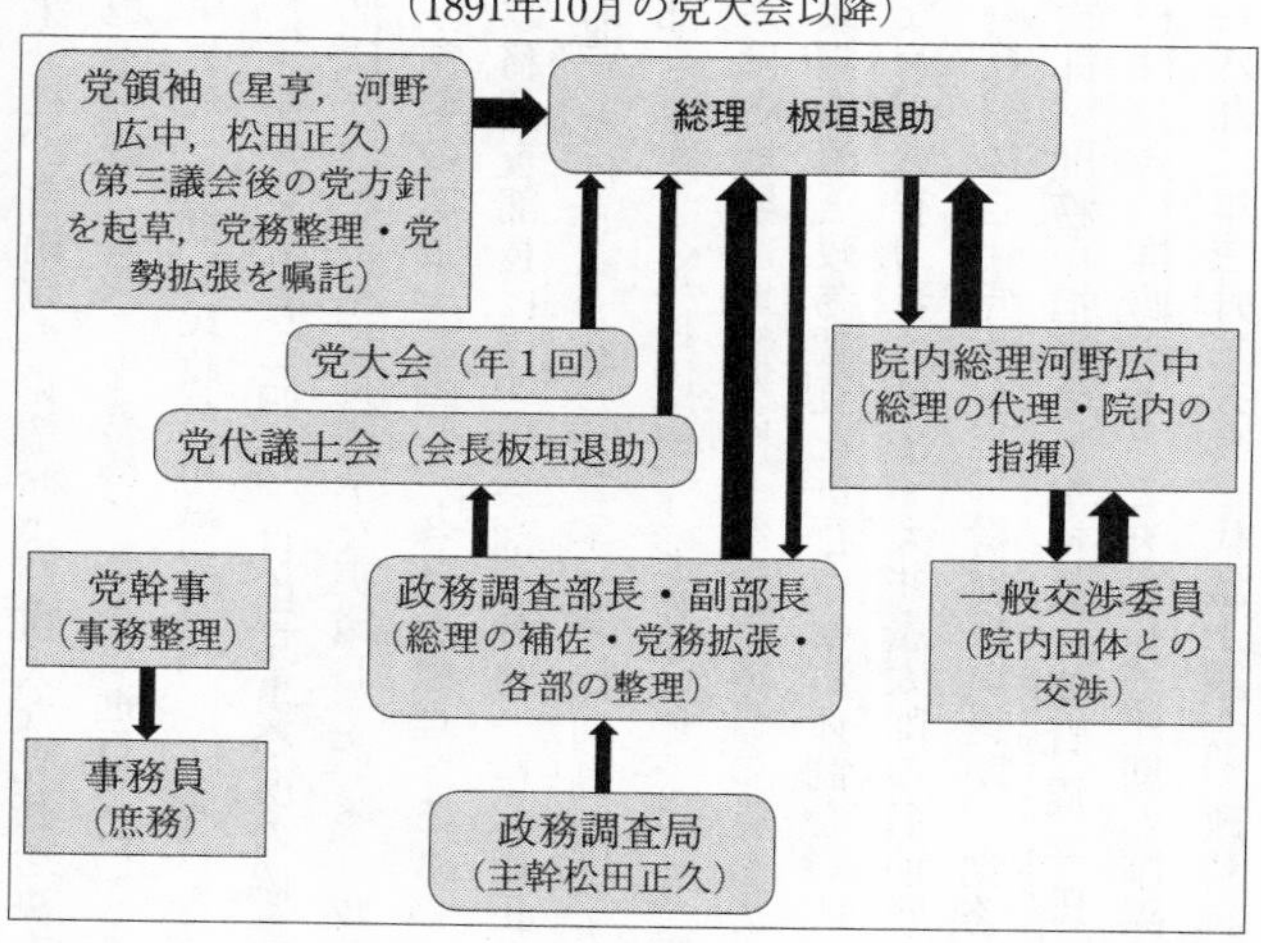

六部を九部に再編した。また、政務調査部とは別に新しく政務調査局が設置され、前代議士、専門の学者に調査を委託することとし、政務調査局主幹に松田正久、理事に駒林広運が選任される。

このように、自由党の政策決定は政務調査部の部会（あるいは政務調査局を経て政務調査部）で政策が立案され、板垣会長臨席の代議士会で審議・可決された後、衆議院へ提出されることとなる。

第三に、板垣が重視したのは、院内総理（総理代理・議場内総理）の設置である。

第二議会の約八ヵ月前、一八九一年三月二八日付の河野広中の「辞表」が彼の関係文書に残されている。それは河野が「議院内整理」の辞表を板垣総理宛に執筆、提出したが、却下されたか、未提出のまま河野の手元に残されたものと考えられる（「河野広中関係文書」）。つまり、「議院内整理」は院外から政党を指導する板垣の代理的存在として自由党大阪大会直後から構想され、「総理代理」＝院内総理の設置につながった。その背景には第一議会での失敗があった。三名の自由党整理委員が機能せず、議会内での統一した行動が取れなかったからだ。

第二議会では、衆議院議員の河野広中が板垣の「総理代理」として議院内の自由党を指導する体制となる。第三議会でも河野は「総理を代理」し、第四議会でも、板垣総理から院内総理を嘱託されている。

こうした自由党の議会対策と役割分担について板垣は、「議場内総理」河野が院内自由党の指揮を執る一方、政務調査正副部長が各部の政策を整理し、他の院内団体との折衝は一般交渉委員が担当すると述べており、機敏な統一行動を目指したことがわかる（『自由党党報』一四号）。

第二回総選挙――品川弥二郎内相の選挙干渉

一八九一（明治二四）年四月九日、議会運営に苦慮した山県有朋首相は辞表を提出、組閣を命じられた伊藤博文も辞退したため、五月六日に薩摩閥の松方正義内閣が成立した。

一方、自由党は立憲改進党、土佐派を中心とする自由倶楽部と連携を強めた。一一月九日、板垣と立憲改進党の事実上の党首大隈重信が会談、両党が連携して松方内閣に対峙する態勢を整えた。四日前の一一月五日には、自由倶楽部の片岡健吉も板垣を訪問している（『片岡健吉日記』）。

第二議会（一八九一年一一月二六日開会）では、自由党・立憲改進党などの民党が「政費節減・民力休養」を掲げて政府の軍艦建造費を大幅に削減した。その際に活躍したのが杉田定一と自由党に復党した栗原亮一であった。

政務調査部の第五部部長であった杉田は第二議会の直前、「第二期議会に於る海陸軍の方針」を発表し、「通商国家構想」の国是である通商航海を発達し、移住殖民を奨励するために海軍拡張論を唱えていた。杉田は海軍の弊害や経理の乱れ、練度不足などを改革し、その後に海軍拡張をすべきであると主張する（『自由党党報』一号）。

第二議会では、杉田が陸軍現役兵の削減とその経費による海岸砲台の建設、海軍改革による冗費の削減と海軍拡張費の捻出を掲げた陸海軍制上奏案を提出した（『自由党党報』五号）。上奏案の起草者は栗原であり、政策の立案者として大きな役割を果たしている（『伊勢新聞』一八九二年二月四日号）。

一二月二五日、松方内閣は衆議院を解散した。二八日には、自由倶楽部が自由党へ復党し、自由党は第二回総選挙に臨む態勢を整えた。

第二回総選挙（一八九二年二月一五日投票）では、松方内閣の内務大臣品川弥二郎が地方長官に内訓を発し、内務次官白根専一（しらねせんいち）の陣頭指揮の下、府県知事、郡長、官吏や警察官が中心となって民党候補者の選挙活動を妨害し、政府系候補者の選挙運動を支援した（『「主権国家」成立の内と外』）。板垣は全国各地で選挙応援演説を実施したが、警察によってたびたび演説を中止されるなど、各地で妨害を受け続ける（『選挙干渉と立憲政治』）。

なお、この選挙干渉については、鹿児島県出身の知事などが、薩摩閥＝松方内閣の危機とみて強硬に行ったとする暴発説がある（『藩閥政府と立憲政治』）。近年では、明治天皇が政府支持議員の当選、民党議員の落選によって議会運営を円滑化しようとし、品川や府県知事が治安維持や法令遵守との間で板挟みになりながら、最終的に天皇の命令を優先したとする系統的指令説も有力である（『選挙干渉と立憲政治』）。

板垣告発と高知での選手干渉

選挙期間中の一八九二（明治二五）年一月一二日、自由党の機関紙『党報』号外（一月五日発行）に掲載された「自由党宣言書」が藩閥政府に対する批難を多く含んでいたため、自由党総理板垣退助ほか四名が警視庁によって告発される。内務省とその管轄下の警視庁は板垣の検挙・起訴によって自由党に大打撃を与え、選挙で政府の勝利を導き出そうとした。だが、尾崎三良法制局長官や伊藤博文らの反対によって板垣らは不起訴となった（「自由党『党報』告発問題をめぐって」）。藩閥政府内の反対で、板垣は身の安全を確保できたが、板垣自身も選挙干渉に対して強く抵抗していた。

板垣の地元高知県でも土佐勤王党の流れを汲む国民派（「吏党」）が、薩摩出身の県知事調所広丈の下、自由党に対抗し、激しい選挙干渉を行っていた。平服姿の巡査が有権者の戸別訪問や買収、脅迫、さらには警察権を行使した拘束まで行い、巡査が暴漢とともに自由党壮士と乱闘する事態にまで至った。

高知県では、死者一〇名、負傷者六八名を出し、激戦区の高知二区では候補者の林有造に対する逮捕未遂事件まで起きている。こうした官憲の横暴に激しく抵抗する高知の民衆に対して、板垣は非常にご満悦であり、土佐は能くやった能くやったと感歎していた（片岡健吉・西山志澄宛中野寅次郎書簡、「片岡家資料」）。

しかし、高知県内三選挙区の結果は、高知一区（定数一）が自由党の武市安哉、三区（定数一）は西山（植木）志澄が当選したが、二区（定数二）では林有造、片岡健吉が落選し、国民派の片岡直温、安岡雄吉が当選する。二区では、選挙長が自由党候補への投票を朗読せず、国民派候補への投票に読み替える不正な手法などで自由党候補を落選させていた。これに対して、自由党側は訴訟を起こし、林、片岡は約一年半後の一八九三年六月に勝訴、逆転当選が認められることとなる。

第二回総選挙の結果と第三議会への対応

第二回総選挙は全国各地で騒擾（そうじょう）となり、死者二五人、負傷者三八八人を数え、政府内部の対立から品川内相と陸奥宗光農商務相が辞任した。藩閥政府は選挙干渉によって自由党・改進党などの民党勢力を数多く落選させることには成功したが、多数派工作に失敗して第三議会では過半数を獲得できなかった（『選挙干渉と立憲政治』）。

選挙結果は民党系が自由党九四、改進党三八、陸奥宗光の影響下にあった独立倶楽部が三一、吏党系の中央交渉会は九五名などとなった。自由党は選挙前から二三議席減となり、有力者の松田正久や栗原亮一も落選している。

だが、板垣は選挙結果について、意外な少数であるが、天下の人望を失ったわけではなく、選挙干渉に対して公明正大に運動したと自負する。そして、天下の人心が自由党に集まれば多数を制することができ、政務調査が正確であれば、世人の信頼を獲得できると述べた（『自由』一八九二年三月二六日号）。板垣の自負と立憲政治への確信は、選挙干渉で動揺するものではなかった。

第三議会（一八九二年五月六日開会）では、栃木一区で当選した自由党の最高幹部星亨が独立倶楽部の協力を得て衆議院議長に選出された。一方、議長候補として名前が挙がりながら、敗れた河野広中は先述したように自由党の総理代理に就任する。

なお、星亨の衆議院議長就任に際して、板垣は星に性格を曲げよとは言わないが、「あんまりやり過ぎるな」と釘を刺したという。辣腕（らつわん）の星と板垣の関係性を示していて興味深い（『自由党党報』一二号）。

六月一六日、板垣総理は代議士総会で自由党の運動方針を決定するため、起草委員三名に星、河野、松田を指名する一方、一八日には星、河野、松田に総理を補佐して党務整理、党勢拡張に尽力することを嘱託した。総理板垣を党領袖として星、河野、松田が補佐する体制が構築されたのである。

第三議会では松方内閣の選挙干渉が追及され、選挙干渉決議案が衆議院・貴族院で可決された。これに対して、松方内閣は七日間の停会で対抗したが、自由党は追加予算や鉄道関係法案では柔軟な姿勢を示した。その背景には、自由党の「民力休養論」が手詰まりとなり、政府の積極主義的な路線に同調する動きが自由党内にもあらわれたためである（『「主権国家」成立の内と外』）。

第三議会後の七月三〇日に松方首相は辞職し、伊藤博文（総理大臣）、黒田清隆（逓信大臣）、山県有朋（司法大臣）、井上馨（内務大臣）ら元勲が勢揃いした第二次伊藤内閣が成立する。

板垣の天皇観と国家構想

少し話を戻すが、第二議会前の一八九一（明治二四）年七月三〇日、板垣は青森県弘前で自らの天皇観や政体、国家構想について述べている。たとえば万世一系の帝室を奉戴するのが国体であり、天皇は政党外に超然とし、国民の上に立って裁可する権限を持つのだと演説している。そこで模範と考えていたのは、イギリス流の立憲君主制である。板垣は天皇の無答責と内閣・大臣が天皇を輔弼することで、社会や人民に責任を負うべきと主張していた。

また、板垣は歴史上、国是は「皇統連綿」（万世一系の皇室）にもあると述べる一方、日本が島国であり、通商貿易によって、特に海運を盛んにしなければならないと主張した。この論理は、栗原の「国是論」であり、栗原の発案した「通商国家構想」を板垣が採用したことがわかる（『自由』一八九一年八月七日号）。

第三議会閉会後の一八九二年七月二六日には「自由党政務調査之方針」が発表された（『自由』一八九二年七月二六日号）。その総論では工業を振興する一方、通商貿易と移住殖民の積極事業により国家の富強を図るとしている。外交では、条約改正と貿易殖民の必要性を強調し、軍備では海軍拡張の必要性を説いた。また、鉄道敷設とともに、航路拡張(汽船会社の保護)や造船事業の奨励を論じている。

九月には、栗原が「航路拡張論」を発表し、通商航海は日本の国是と強調したうえで、商権拡張の観点から航路の拡大を図るべきだと論じた(『自由党党報』二一〜二三、二五号)。栗原は欧米各国を事例に、国内航路の補助を廃止し、第一に豪州航路、次いで欧州航路、米州航路に補助を与えるよう主張している。

一方、板垣も「海軍拡張策」を発表したが、栗原の「軍備論」の海軍部分を改編したもので、実質的な筆者は栗原であった(『自由党党報』二五号)。ここでは海主陸従論を唱える一方、通商航海、移住殖民を盛んにするために海軍拡張と海軍改革の必要を論じている。具体的には大艦を中心とする計一〇万トン規模の海軍拡張と、海軍の集中運用、軍人の訓練強化を挙げている。

栗原は一二月にも「棉花輸入税廃止論」を発表し、外国棉花の輸入税を廃止して紡績業の発達を図るように主張する(『自由党党報』二六号)。

自由党は「通商国家構想」に基づいた積極政策を立案する一方、表面的には政府と対立する民力休養・政費節減を掲げて第四議会に臨んだ。

第四議会の攻防――「和衷協同の詔勅」へ

一八九二（明治二五）年一一月二九日、第四議会が開会したが、伊藤首相は二七日に人力車から転落して負傷し、翌年二月まで井上馨内務大臣が首相臨時代理となった。

自由党・立憲改進党の民党は民力休養・政費節減を求めて、一八九三年一月一二日に一八九三年度予算案から軍艦建造費などを削減した予算査定案を議決した。これに対して、一月一六日、井上首相代理が衆議院の予算修正への不同意を声明する。翌一七日、自由党院内総理河野広中は衆議院の予算修正案に政府が同意するか、同意しない場合は内閣総辞職か衆議院解散を求める強硬な動議を衆議院に提出し、賛成多数で可決された（『河野広中』）。衆議院は五日間休会となり、一月二三日に河野広中が内閣不信任上奏案を提出すると、衆議院は一五日間の停会となった。

一方、第四議会では、杉田定一（自由党陸海軍部部長）が海軍改革建議案を衆議院に提出、薩閥の弊害を批判しつつ、海軍改革の必要性を強調した。杉田は海軍改革を行わなければ、自由党も本来賛成である海軍拡張には賛成せず、海軍予算を否決するとした（『帝国議会衆議院議事速記録』五）。

また、西山志澄（同逓信及鉄道部部長）は栗原の「航路拡張論」に基づいた航路拡張建議案を提出（特別委員会で修正のうえ、衆議院で可決）、自由党の江原素六（えばらそろく）（静岡県選出）らも輸入棉花関税免除法律案を提出し、積極政策に基づく提案を行った。

政府と自由党、立憲改進党が海軍の軍艦建造費など予算問題で対立を深めるなか、伊藤の要請によって、二月一〇日に明治天皇の「和衷協同の詔勅」が下った。自由党と板垣がこの詔勅を受け入れるかどうかが、最大の焦点となった。

板垣は君主の役割（裁可権）と世論の関係について、国民の世論が国家の意志であるが、国民の世論が誤った際に矯正する役割として最上権＝天皇の意志を規定すると考えていた（『自由』一八九三年四月三〇日号）。板垣は明治天皇の「最上権」を重んじ、詔勅による妥協に応じた。板垣は政府から行政改革により冗員・冗費を省くとの言質を取って、第五議会を待つように、衆議院議長星亨と院内総理河野広中に伝えた（『福島民報』一八九三年二月二一日号）。

こうして、政府予算案より二六二万円削減する妥協案が成立し、第四議会は自由党と藩閥政府の妥協により無事閉会する。

なお、海軍改革建議案は立憲改進党の犬養毅が本案を廃案にすべきであると発言したこともあって、二月二五日に特別委員会で否決された。これに対して、板垣は第四議会後に改進党との提携を後悔し、独自路線を進むことを言明する（「初期議会期における板垣退助の政党論と政党指導」）。

3　内相就任——第二次伊藤内閣との提携と批判

自由党の独自路線——改進党との共闘解消

第四議会当時、自由党内には実は二つの路線があった。従来の民力休養・政費節減を掲げて藩閥政府と対決する改進党との共闘路線（民党連合）か、断絶して独自路線を取るかである。前者は河野広中、後者は星亨と松田正久が支持していた。一八九三（明治二六）年九月、星亨、松田正久、河野広中ら自由党幹部は九州を遊説した。ここで河野が星・松田の改進党との絶縁方針に同調し、自由党は民党連合路線に訣別（けつべつ）したとされる（「明治二六年九月の自由党九州遊説」）。

一一月九日頃、板垣は自由党幹部の星、河野、松田の求めに応じて、土佐派の竹内綱を交えて第五議会に臨む基本方針を策定した。

その方針は①自由党が「積極構造的」の方針をとり、民党・吏党の批判に構わないこと、②改進党が政府に反対し、あるいは国民協会と合同するとの見込みを踏まえて、少数党となっても政府の方針で助けるべきは助けること、③地租軽減、地価修正は従来通りであり、新聞紙条例の改正など言論の自由を拡大すること、④海軍改革は不完全につき、さらに政府を攻撃すること、⑤輸入棉花関税の廃止、生糸輸出奨励法の制定、航路拡張に五〇万円を支出することなどである（『伊藤博文関係文書』一）。

自由党は従来の民力休養論・海軍改革論などを掲げて政府に圧力をかける一方、「積極構造的」な政策（「通商国家構想」で提示された航路拡張や輸入棉花関税の廃止など）を推進する方針を掲げた。そして、改進党との民党連合を解消し、政府に対する是々非々路線を選択したのである。

こうした背景には、自由党が責任政党化する一方、民力休養や海軍改革の要求を掲げて政治的な圧力を藩閥政府にかけることで、政権に参入する戦略もあった（『藩閥政府と立憲政治』）。

一一月二四日、民党連合の仲介役を自任する同盟倶楽部（一八九二年一一月結成）は民党連合維持を板垣に要請した。だが、板垣は自由党も分離は好ましくないとしつつも、改進党の行動によって、民党連合は維持できないと明言した（『自由党党報』五〇号）。

広がる星亨への批判と板垣の擁護

第五議会（一八九三年一一月二八日開会）は、条約改正問題で陸奥宗光外相と結託していると見られていた星亨衆議院議長への攻撃が焦点となった。

星は第四議会中から立憲改進党を激しく批判、自由党の藩閥政府への接近を主導していると見られており、改進党などの憎悪を買っていた。さらに、星が旧中村藩（福島県）藩主相馬家の御家騒動に介入し、兄を謀殺したとされた現当主相馬順胤の弁護人を引き受けたこと（のちに相馬は事実無根として免訴）、米・株式取引所関係者の顧問弁護士となり、第四議会で取引所法成立に力を貸して賄賂を受け取ったと報道されたことも、排斥の動きを強めた（『星亨』）。

他方で、星に批判的な国民協会、立憲改進党、同盟倶楽部、政務調査会、同志倶楽部、東洋自由党の対外硬六派は条約改正問題でも自由党と対立した。対外硬六派は、条約改正ではなく、現行の条約励行、つまり条約の正文に規定されていない事項に関して外国人の権利を認めず、日本国内での外国人の活動や生活を制約して条約改正を実現する主張を掲げた。彼らは衆議院の過半数を占め、条約改正を推進する政府・自由党と対立した（『「主権国家」成立の内と外』）。

一方、自由党内でも星に反対する勢力が台頭する。一一月一〇日の代議士総会で総理を補佐する任期一年の協議員設置が認められ、河野広中（福島県選出）、片岡健吉（高知県選出）、杉田定一（福井県選出）、長谷場純孝（鹿児島県選出）、工藤行幹（青森県選出）、石田貫之助（兵庫県選出）、鈴木昌司（新潟県選出）の七名が選出され、二一日には河野広中が協議員長に

4－2　第５議会期の自由党体制（1893年11月10日，代議士総会）

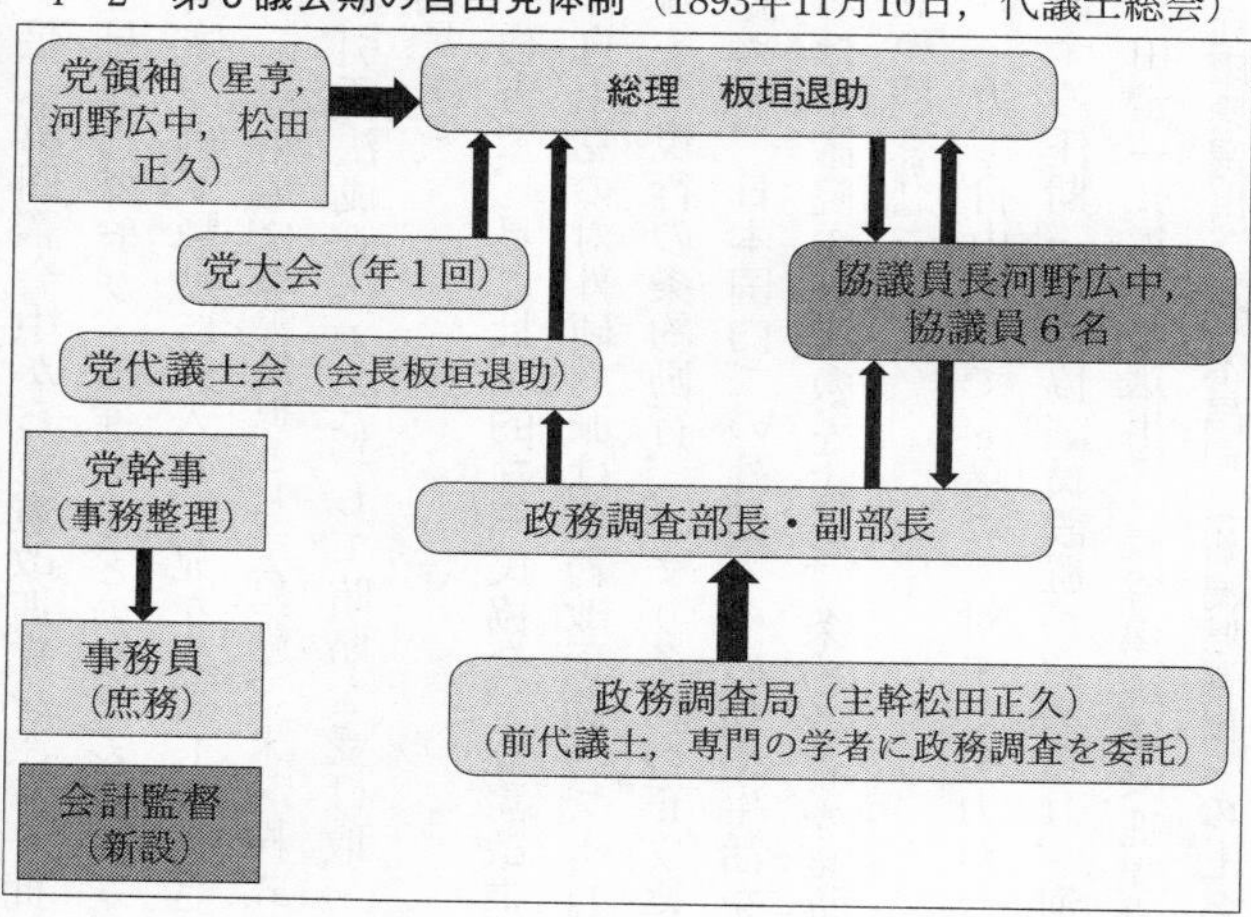

当選する。その結果、河野は院内総理ではなく、協議員長として自由党を指導することとなった。協議員には星が地盤とする関東出身の代議士は選出されなかった。

一一月二〇日に協議員の請求で開催された星議長信任問題に関する秘密会の席上、板垣は星の相馬事件と取引所問題の疑惑を擁護する演説をしている。また、板垣は協議員設置にも反対であり、一一月二二日の党協議会で衆議院議長の星と政務調査局長の松田正久を協議員待遇にすることを承認させた（『自由新聞』一八九三年一一月二三、二五日号）。

一二月一日、立憲改進党など対外硬六派によって星亨衆議院議長不信任上奏案が可決された。星がこれを受け入れないと見るや、星に批判的な対外硬六派は一二月一三日、星を衆議院から除名。さらに、長谷場純孝ら九州、東北の反星勢力の自由党衆議院議員一四名が集団脱党し、一二月四日に同志倶楽部を結成する。

星除名問題は自由党を大きく動揺させた。衆議院議長不信任上奏案が上程された一二月一日、板垣は星除名を求める代議士二〇数名と面会している。板垣は不信任上奏案は法律を無視した決議で反対すべきだが、この問題終了後、星自身が進退を決するのを待つように諭している。さらに、星が進退を決定できない場合は、板垣が総理として断固たる処分をするつもりであると明言した（『自由党党報』五〇号）。星を擁護してきた板垣は星の自発的脱党により、党内の統制回復を図ろうとしていた。一二月四日、星は脱党するが、板垣は星の脱党を党を愛する心情から出た行為であると述べて慰留しなかった。

政務委員の設置と少数指導体制の確立

第五議会は一二月三〇日に条約改正問題をめぐって解散となった。

第三回総選挙（一八九四年三月一日投票）では、自由党と改進党などの対外硬派が全面対決し、板垣も側近の事務員龍野周一郎らと各地を熱心に遊説した。

第三回総選挙の結果は、自由党が一二〇、改進党四九、国民協会二七、選挙後に結成された立憲革新党三七議席などとなった。自由党が二〇議席以上増加させる一方、国民協会は惨敗している。板垣は選挙結果について、議会の半数を占めることはできなかったが、代議士が一致結束すれば議会で勝利できるとの見込みを示し、仮に勝利できなくとも世論を動かすことができると自信を深めている（『自由党党報』六〇号）。

選挙後、改進党は立憲革新党など対外硬派とさらに連携して政府批判を強めた。しかし、政府と自由党が条約改正問題で結託しているとみなした対外硬六派の攻撃は、かえって政府と自由党の提携を後押しする結果を招くこととなった（『条約改正と国内政治』）。

第六議会（一八九四年五月一五日開会）直前の五月一一日、板垣は院内総理を設置し、第三回総選挙で当選し復党した星に委託しようとしたが、固辞された。

当時の自由党内には星への反感が残っており、星も選挙戦で莫大な借金を抱えていた。井上馨内相が陸奥外相と相談して政府機密費から一万円を供与し、星が絶望して政府の望まぬ方向へ暴走しないように伊藤首相を説得するほどであった（『星亨』）。結局、板垣は河野に院内総理を再び委託したが、第六議会以降、自由党に院内総理は設置されなくなった（『自由党党報』六一号）。

その背景には、伊藤内閣による第六議会の解散（六月二日）と異例の党則改正（六月三日）があった。本来、党則改正は大会で議定すべきであるが、このときは党務上至急を要するとして前代議士と党員の総会で改正される。

4−3　第6議会後の自由党体制
(1894年6月3日，前代議士と党員の総会で党則改正)

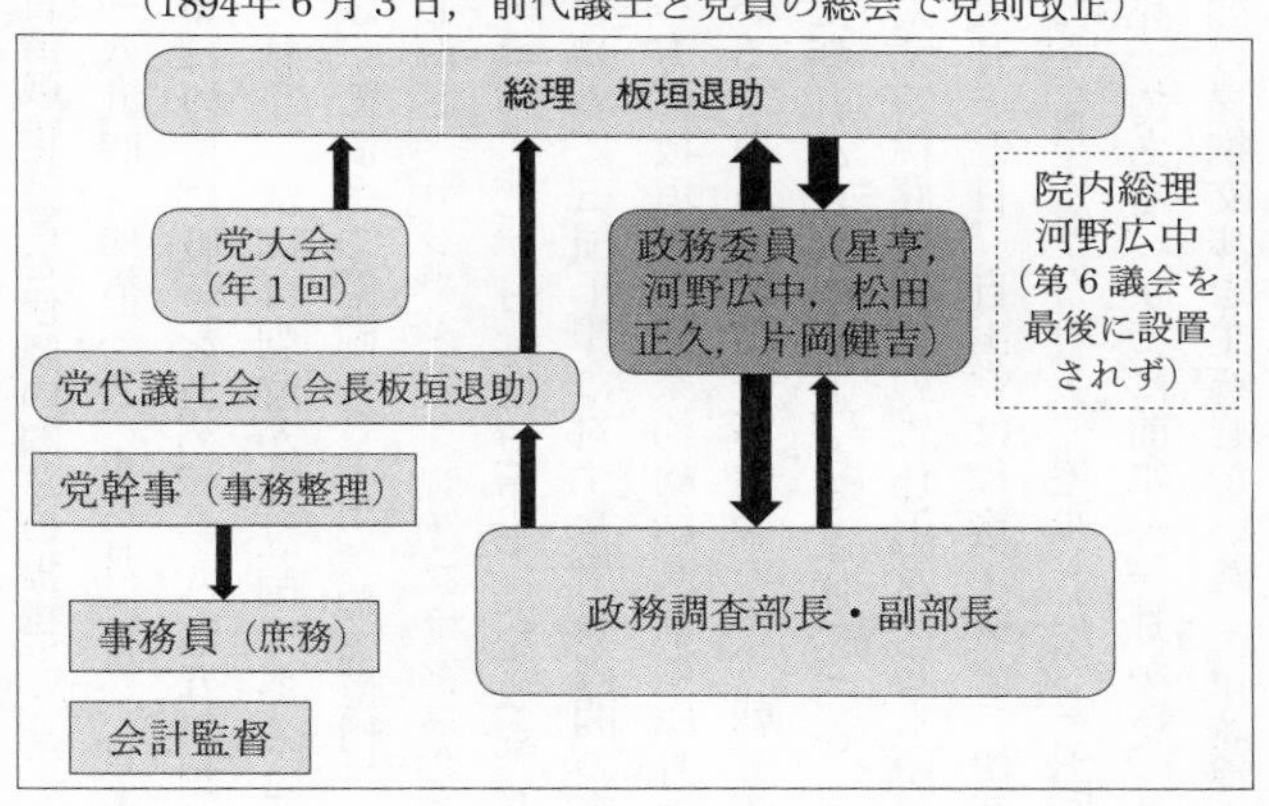

この改正では、総理を補佐する政務委員が設置され、板垣総理と政務委員（星・河野・松田・片岡健吉）による寡頭的な指導体制が成立する。つまり、非議員であった板垣総理を中心とし、院内総理と政務調査部正副部長による党運営が挫折し、党領袖を政務委員に取り込み、彼ら少数の党幹部が党を指導する体制が取られたといえよう。

なお、その後一時期、政務委員が廃止となったり、評議員が設けられたりしたが、結局、一八九五年一二月一五日の自由党定期大会で総理板垣が政務委員に河野・松田・林有造の三名を嘱託し、少数の党幹部による党の指導体制が確立した。

日清戦後経営と伊藤内閣との提携

一八九四（明治二七）年八月一日、日本は清国に宣戦を布告、日清戦争が本格化した。日本軍は優位に戦争を進め、一八九五年四月一七日に下関条約（日清講和条約）が締結された。その結果、清国は朝鮮が独立国であることを承認し、日本に遼東半島・台湾・澎湖諸島を割譲、賠償金二億両（日本円で約三億円）を支払うことなどが調印された。

しかし、ロシア・ドイツ・フランスの三国公使が遼東半島を清国に返還することを強く要求（三国干渉）、日本は遼東半島を放棄した。これに対して、立憲改進党など対外硬派は批判を強め、三国干渉に対する伊藤内閣の責任を追及した。

一方、板垣は下関条約締結直前の四月三日、伊藤首相に「朝鮮国政改革意見書」を提出している。板垣は自由平等主義の下、朝鮮政府を改革して人材を登用することで、民権の伸張した朝鮮が日本に接近すると述べている（『伊藤博文関係文書』三）。自由党は遼東半島返還に対する伊藤内閣への責任追及からも距離を置いていた（『立憲国家の確立と伊藤博文』）。

七月一七日、自由党は代議士総会で伊藤首相の側近、伊東巳代治内閣書記官長の注文に応じて、「自由党方針」を決定した。この間、伊東と交渉したのが、土佐派の幹部林有造と栗原亮一である。すでに前年一一月から、林は伊東と連絡を取っており、自由党と第二次伊藤内閣の提携交渉を主導していた（『伊藤博文関係文書』二）。

「自由党方針」は海軍拡張と陸軍増設、航海・通商・殖民・農工の奨励発達を掲げ、伊藤内閣による遼東半島還付の責任を不問にする一方、党と政府の方針が一致した場合の提携を示唆していた（『自由党党報』八九号）。すでに、自由党は一八九四年一二月の党大会で初期議会以来掲げてきた、地租軽減要求を削除しており、伊藤内閣との提携における障害はすでに消滅していた（『自由党党報』七五号）。こうした自由党の動きに、『大阪朝日新聞』は「自由党の自殺」という社説で、自由党が政党の守るべき主義を捨て、自殺したと両者の提携を激しく批判している（『大阪朝日新聞』一八九五年八月九日号）。

しかし、一一月二二日、自由党はついに伊藤内閣との提携を発表する。板垣は日清戦争の結果、日本が世界各国との関係を一変し、重要な戦後経営を行うことになったとする。そして、自由党が同じ志を持つ伊藤内閣と提携し、戦後経営を担う決意を示した（『自由党党報』九七号）。

自由党内では、林が伊東と交渉する形で提携を主導し、松田正久・河野広中も賛同した。ただし、提携交渉の過程では、河野が伊藤内閣と自由党の提携条件として、以下の五条件と第九議会終了後の板垣入閣を求めたという（『河野磐州伝』下巻）。

一、予算案を事前に自由党に内示し、同意を求めること

二、議会に提出する重要法案も同様のこと
三、新政策については事前に自由党と協議し、同意を求めること
四、政府は国民世論を採用して施策を実施すること
五、互いに宣言書を発表し、出処進退を明白にすること

板垣入閣の確約には松田も同調し、非主流派に転落した星亨系の関東派もこの交渉に少しでも関与できるように林や河野に圧力をかけるなど、自由党幹部の複雑な駆け引きがあった(『伊藤博文関係文書』二)。

伊藤内閣の提携に対する具体的な見返りとして実現したのは、第九議会閉会後の板垣入閣と法案や予算の自由党への事前相談、自由党の機関紙『めさまし新聞』への資金援助であった(『立憲国家の確立と伊藤博文』)。

一二月一五日に開会された自由党定期大会では、板垣が軍拡とそれを支える国力養成の必要、立憲制の確立のために伊藤内閣と提携したと説明した。この党大会では、林が河野・松田とともに最高幹部の政務委員に就任する一方、一二月二〇日には政務調査部の改選があった。栗原は第四部部長(陸海軍部)に就任し、土佐派が八名の部長中三名(栗原、三崎亀之助、西山志澄)を占めることになる。

内務大臣就任と入閣への批判

一八九五（明治二八）年一二月二八日、第九議会が開会され、自由党の協力により陸海軍の軍拡予算を含む政府予算案が承認された。

この議会では自由党土佐派が「通商国家構想」で主張してきた航海奨励法案、移民保護法案、輸入棉花海関税免除法律案などが、政府案として成立する。一方、対外硬派の立憲改進党、立憲革新党、大手倶楽部、中国進歩党、帝国財政革新会は年が明けた一八九六年三月一日に進歩党を結成（衆議院議員一〇三名）、大隈重信を事実上の党首として自由党に対抗する態勢を整えた。

三月二八日、第九議会が閉会し、四月一四日に板垣は第二次伊藤博文内閣の内務大臣に就任した。このとき板垣は建前上、政党を離れ、自由党総理を辞任している。

内務省は地方行政や警察などを所管しており、内務大臣は府県知事などの人事権や警察権を握り、選挙に有利な重要ポストでもあった。このとき自由党土佐派から、内務省県治局長に三崎亀之助、内務大臣秘書官に栗原亮一も就任している。

板垣は当時六〇歳。明治八年の政変により三九歳で下野してから、二一年が経っていた。民権運動の指導者だった板垣は帝国議会下の政党政治家として、政権の中枢に座ったのであ

「棟梁の出世，自由の死亡」『団団珍聞』（1896年４月号）　板垣の入閣を痛烈に皮肉った

る。

しかし、伊藤内閣に入閣したことは、在野の政党政治家として名声を得てきた板垣のイメージダウンにつながった。

たとえば、時局風刺の雑誌『団団珍聞』では風刺画「棟梁の出世、自由の死亡」のなかで棟梁板垣が内務大臣として入閣＝出世する一方、自由主義が死亡して棺桶で運ばれる葬列を描き、痛烈に批判している（『団団珍聞』一八九六年四月号）。『大阪朝日新聞』は板垣入閣が伊藤への投降表明であり、後世に政党史をつくる者は自由党の滅亡を記して板垣入閣で書き終えるべきであると極言している（『大阪朝日新聞』一八九六年四月一五日号）。板垣入閣は自由主義・自由党の死と批判された。

一方、陸奥宗光との人脈を利用し、伊藤内閣との提携に尽力した星亨は、四月二七日に駐米公使に任命された。しかし、星は失意と憤懣のなか、自由党の掌握、ひいてはさらなる政治権力を目指すこととなる（『星亨』）。

三陸沖地震の対応への批判

さて、内務大臣に就任した板垣と三崎県治局長は所管の地方行政、特に府県制郡制と市制町村制の改正作業に着手した（『明治期の地方制度と名望家』）。だが、就任から二ヵ月後に三陸沖地震が起き、その対応に追われることになる。

六月一五日、三陸沖地震によって、北海道から宮城県の海岸部を巨大津波が襲った。その犠牲者は二万一九五五人にのぼる。板垣内務大臣は地震翌日の一六日に大阪築港計画など関西を視察するため出張した。その後、二二日に東京に戻り、午後に被災地視察に出発、七月四日まで岩手・青森両県を視察している（『板垣退助君伝記』四巻）。

災害発生直後に関西に行き、帰京が遅れた板垣は、盛岡から宮古への視察について昔の大名旅行であると指摘され、災害対応への緩慢さが批判された。また、板垣が三陸沖地震を冷淡に看過し、渋々巡視に向かったとの批判もあり、進歩党や国民協会がこれを調査して第一

○議会で問題化すると報道されている（『東京朝日新聞』一八九六年六月二六、二八日号）。

一方、伊藤首相は肺結核で辞任した陸奥宗光外務大臣の後任に大隈重信、次年度予算編成をめぐって国債募集の見込みが立たずに辞任した渡辺国武大蔵大臣の後任に松方正義を入閣させて内閣の基盤を強化しようとしていた。これに対して、板垣は進歩党の事実上の党首である大隈の入閣に激しく反発、八月二七日の閣議で反対論を展開する。板垣と大隈・松方の板挟みとなった伊藤は辞任し、第二次伊藤内閣は崩壊した。板垣の在任期間はわずか四ヵ月余りであった（『板垣退助君伝記』四巻）。

九月一八日に第二次松方内閣が成立、大隈は外相に就任した。進歩党が松方内閣の与党となり、板垣と自由党は下野することとなった。

河野広中の脱党と板垣の総理辞任

板垣の内相就任後わずか四ヵ月での伊藤内閣の崩壊は、提携を主導した林有造や板垣ら土佐派に対する党内の不満を募らせる結果となった。伊藤は自由党の不満をなだめるため、次に内閣を組織する際は再度板垣を内務大臣に起用することを党の最高幹部に密約した。また、伊藤はかなりの金銭を自由党に活動資金として渡したが、党内の不満は収まらなかった（『立憲国家の確立と伊藤博文』）。

一八九六（明治二九）年一二月、第一〇議会における衆議院議長選挙の際、政務委員林有造が当時連携していた国民協会とその領袖佐々友房を議長とすることで合意した。しかし、一二月二一日、自由党の評議員会と代議士総会は土佐派に批判的な評議員会会長石田貫之助（兵庫県選出）を中心に、第一党として河野広中を議長候補に推すことを決定する。

一二月二三日の投票の結果は、鳩山和夫（進歩党）が一位となり議長に就任、河野は二位で敗れた。同日、林・河野・松田の三政務委員は衆議院議長選挙における方針が自由党評議員会・代議士総会と異なるとして辞任し、片岡健吉が政務委員の事務を代行する仮政務委員に就任する危機を迎えた。当時、板垣は内務大臣就任で自由党総理を辞任したままであり、「裏面之総理」であった。一二月二二日、板垣は伊藤博文の娘婿で貴族院議員の末松謙澄に代議士総会での否決を自らの微力・不面目の至りとし、「裏面之総理」を辞退することで国民協会によろしく伝えてくれるよう依頼している（『末松子爵家所蔵文書』上巻）。

だが、一二月二七日、自由党評議員会・代議士総会は一転して総理推薦を決議し、年が明けた一八九七年一月一〇日の臨時大会で、自由党総理に板垣が復帰、林・河野・松田も政務委員に復職した。

ところが、二月一五日に政務委員の河野が自由党を脱党し、東北同盟会を結成する。河野は議長候補問題での迷走や脱党者の続出などで党内の主導権を失い、再起を一大新党結成、さらには政党内閣実現に求めたのである。板垣にとって河野は戊辰戦争以来の仲で、信頼できる党最高幹部であったために大きな痛手であった。河野も脱党前日に涙を流して心事を語り、脱党の決心を板垣の側近龍野周一郎らに告げている（「龍野周一郎関係文書」）。

一方、第一〇議会では大阪築港国庫補助予算案が審議され、衆議院・貴族院ともに大差で可決された。同案に対して、自由党は大阪支部から働きかけを受け、三月一五日の代議士総会で大阪築港補助への賛成を党議で決定する。だが、自由党神戸支部が反発を示して脱党を辞さない構えを見せた（『海港の政治史』）。

三月一六日、自由党評議員会で大阪築港問題が再び議論された。板垣は自らが内務大臣時代に大阪築港を認可した経緯を述べて、大阪築港を国家問題として党議で賛成を決定する意向であった。

しかし、神戸築港を推す兵庫県選出議員が党議拘束を外すべきであり、再議を望むと主張する。この意見が多数を占めると、板垣は激怒し、総理辞任の意向を示した（『福島民報』一八九七年三月一九日号）。同日、板垣は自邸を訪れた龍野周一郎に辞任の心事を語り、辞表の下書きを書かせている（「龍野周一郎関係文書」）。

板垣の総理辞任は三月一九日に承認され、板垣の指導力低下をさらに印象づけた。

板垣辞任の背景には、前外相陸奥宗光を自由党総理とする計画もあった。すでに三月九日、政務委員松田正久が陸奥を訪問、自由党に入党して総理に就任することを要請していた。陸奥はすぐに松田の要請に応じるつもりはなかったようだが、自由党入党や総理就任への意欲はあったようである（『陸奥宗光』）。

三月二六日、林・松田・中島信行（貴族院勅選議員）の三名が政務委員に就任したが、松田と中島は陸奥を自由党総理に推していた（『立憲国家の確立と伊藤博文』）。しかし、陸奥の病が悪化し、八月二四日に死去したため、自由党総理就任は幻に終わった。

さて、自由党内の混乱から七ヵ月ほど経た一〇月三一日、進歩党は松方内閣の地租増徴方針に反対、提携断絶を決議した。これに対して、自由党は政務委員松田正久・林有造と樺山資紀（かばやますけのり）内相を中心に自由党と松方内閣の提携を進めていた。しかし最終的には、条件が不十分として一一月一八日に自由党評議員会で提携を否決した。

反対派の中心は板垣、片岡健吉ら土佐派であり、交渉にあたった林本人も内心では反対だったようである。そして、交渉失敗の責任を取って林・松田は政務委員を辞任し、片岡健吉が再び仮政務委員に就任する。

一二月一五日の自由党大会では提携派・非提携派の壮士による暴力行為が頻発した。そのなかで、片岡が議長として毅然と議事を進行し、正式に内閣不信任案の提出が決議された（『板垣退助君伝記』四巻）。一二月二五日、第一一議会の冒頭、自由党・進歩党から松方内閣不信任案が提出された。松方首相は即日衆議院を解散し、明治天皇に辞表を提出する。

4 隈板内閣の挫折、政界引退へ

憲政党の誕生――自由・進歩両党の合同

一八九八(明治三一)年一月一二日、第三次伊藤博文内閣が超然内閣として成立した。伊藤は内閣を組織するに際して、内相起用の密約があった自由党の板垣と、進歩党の大隈に入閣を求めて自由党・進歩党双方の協力を打診したが、ポストをめぐって折り合いがつかずに辞退された。板垣は伊藤が内務大臣を兼任し、腹心の林有造を内務次官にすることでもかまわないと譲歩したが、伊藤は要求を拒絶する。伊藤は三月に第五回総選挙が予定される状況で、政党出身者に内務省関係のポストを与えることで、藩閥政府内の足並みを乱したくないと判断していたとされる(『立憲国家の確立と伊藤博文』)。

一八九八年三月一五日、第五回総選挙が実施された。結果は自由党九八、進歩党九一、国民協会二六などであり、自由党が解散時から微増して第一党となった。林有造は伊東巳代治農商務大臣を通じて提携交渉を継続したが、伊藤首相は井上馨大蔵大臣ら閣内の反対が強く断念した。このとき、林と交渉した伊東は面目を失い、農商務大臣を辞任している。

第一二議会（五月一九日開会）では、伊藤内閣が地価の二・五％であった地租を三・七％に増税する地租条例中改正法案（地租増徴法案）を提出した。その際に、伊藤内閣は地価が高く、地租負担の重い近畿・中国地方などの地価修正運動を利用し、同地方の代議士に地価修正実現を交換条件に地租増徴に賛成させようと図っていた。

これに対して、自由・進歩両党は地租増徴法案への反対を代議士総会で決議、六月一〇日に地租増徴法案は否決され、衆議院は解散、わずか二ヵ月で再び総選挙が行われることになる。

その直前の六月八日、地価修正の実現と交換に地租増徴に賛成する自由党代議士四五名が団結し、地租増徴問題を再議して、党議拘束をなくすよう板垣に求めた。板垣はこの要求を拒否し、党議を尊重すると述べたため、二〇余名が脱党届を提出する事態となった。

結局、六月一〇日に地価修正建議案の上程動議が否決され、衆議院も解散されたため、政務委員が脱党届を返却することで党分裂を免れている。除名者は地租増徴法案に賛成した二名のみであった（『読売新聞』一八九八年六月一〇、一二日号）。

伊藤内閣による地租増徴法案の提出と衆議院解散は自由・進歩両党の連携を深めた。六月八日、自由党本部における代議士総会の後、秘密会が開催され、深夜まで林、松田正久、杉田定一、栗原亮一らが新党樹立について議論した（「龍野周一郎関係文書」）。一一日、自由党は評議員会、進歩党は常議員会で一大政党の樹立を決定する（『憲政党党報』一号）。そして、栗原、竹内正志（進歩党・岡山県選出）が宣言書・綱領・申合書を起草し、一二日に完成させた。

一方、自由・進歩両党など地租増徴法案に反対した代議士の懇親会が一一日に開催された。解散時の衆議院議長片岡健吉が増税案の否決は政府不信任であり、伊藤内閣打倒のために一致して合同するよう演説している（『読売新聞』一八九八年六月一三日号）。

こうして、衆議院の解散直前から進行していた自由党と進歩党の合同交渉は加速し、六月一三日に進歩党、一四日に自由党が宣言書、綱領を満場一致で決定、二二日に巨大政党憲政党が誕生する。

藩閥政府の専制政治を倒すために

六月二二日、自由党解党大会の席上、板垣退助は風邪にもかかわらず合同の経緯について演説している。板垣は林有造の報告で進歩党有力者から合同の申し出があったことを知ったと述べ、進歩党の主義とは従来異なる点がないとして、合同に賛成した。しかし、板垣は綱領の決定や地方支部レベルでの合流、特に外交・経済問題で同一方針をとるのは困難との見通しを示している。それにもかかわらず、簡単な綱領で合同を決定したのは、時勢によるものであり、藩閥政府の専制政治を倒すためであるとした。最後に、板垣は岐阜遭難事件での「自由は死せず」にふれ、自由主義は合同によっても貫徹できると強調した（『東京朝日新聞』一八九八年六月二三日号）。

板垣は憲政党結成に賛成したが、外交・経済問題など政策的相違や地方支部レベルでの対立など課題は山積しており、合同を積極的に推進したわけではなかった。

一方、進歩党は合同に積極的であったが、進歩党の首領大隈重信も合同への動きには受け身であり、当初は関与していなかったようである（『大隈重信』上）。

これに対して、伊藤は憲政党に対抗する国民協会や実業家などを糾合した政府党結成を計画したが、山県有朋らの反対により断念した。その結果、六月二四日に伊藤内閣は崩壊する。六月二四日の御前会議の席上、伊藤は元老のなかで後任を引き受ける者がいないならば、大隈と板垣に政権を担当させるしかないと述べた。これに対して、明治天皇や山県・井上ら他の元老も伊藤が大隈・板垣と連立内閣を組織すると誤解して了解した。だが、翌二五日に明治天皇が誤解に気づいて山県に組閣を命じたが辞退されたため、六月三〇日、日本最初の政党内閣、第一次大隈重信内閣、いわゆる隈板（わいはん）内閣が成立した（『立憲国家の確立と伊藤博文』）。

さて、隈板内閣では首相に大隈が、内務大臣に板垣が就任する。この隈板内閣の成立は板

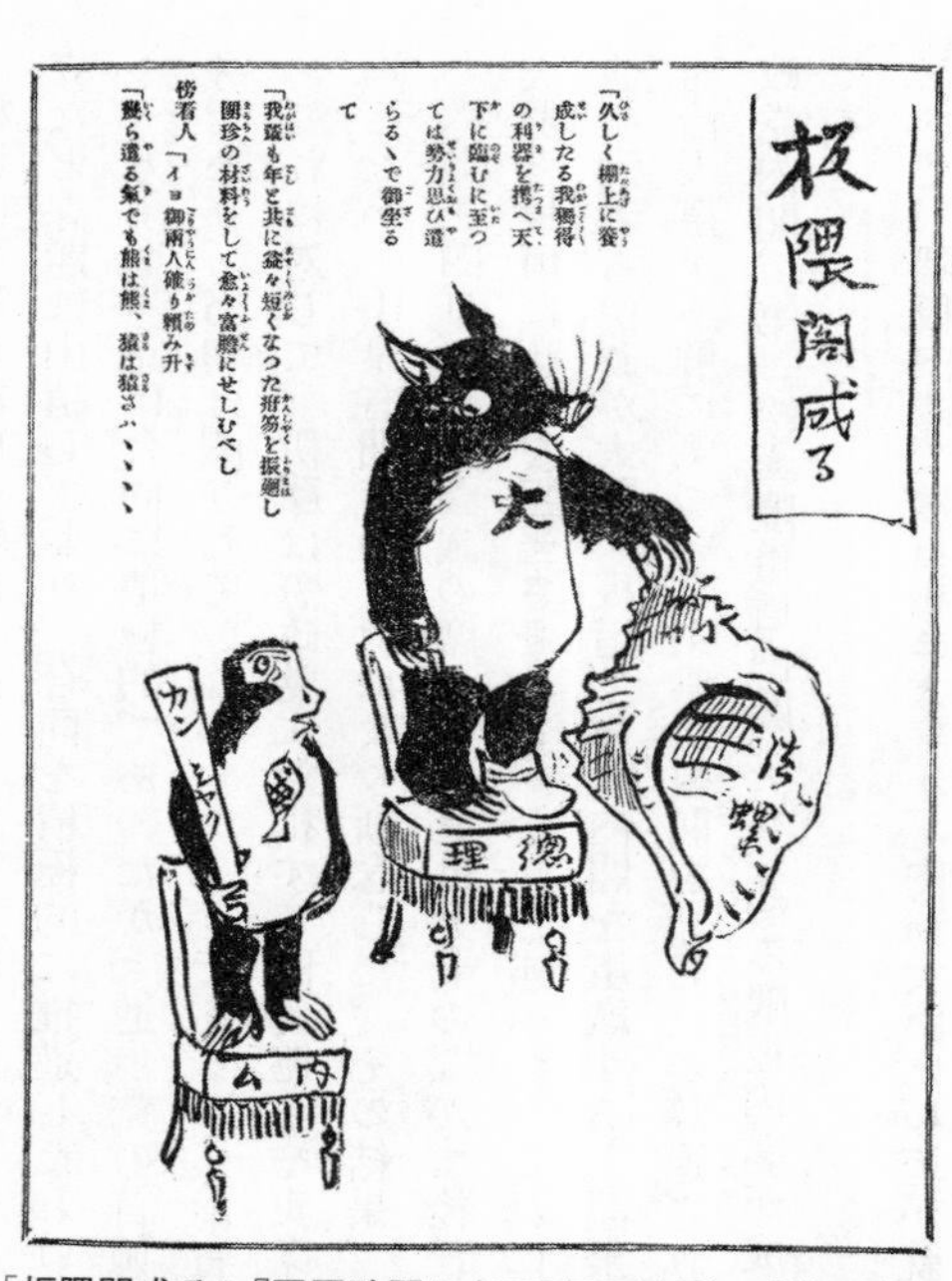

「板隈閣成る」『団団珍聞』（1898年７月号）「幾ら遣る気でも熊は熊，猿は猿さ……」と板垣は猿に擬され揶揄された

垣が総理大臣になれたかもしれない最初で最後の機会であった。この経緯について少し見ていこう。

六月二五日午後八時半、伊藤は大隈と板垣を首相官邸に招いて自らの辞任を伝え、両者に後継内閣を組織するように促した。その際に、伊藤は官吏の安心を獲得するにはその地位を保証する必要があること、陸海軍の改革にはみだりに着手しないことを両人に忠告している。これに対して、大隈は善後策を講じるべきであると述べたうえで、天皇の信任があるならば、相当の手段を取るべきであると答えた。大隈は内閣組織に意欲を見せたのである。

一方、板垣は憲政党が合同したばかりで脆弱であると述べたうえで、大隈が後継内閣を引き受けるならば、自由党系をすべて大隈に任せて自らは安んじて隠居するのが本来の願いであると答えた。また、板垣は伊藤の辞任を実に意外とし、自らが首相の器ではないと繰り返している（「伊東巳代治関係文書」）。なお、板垣は大隈より一歳年長に過ぎないが、六二歳になった板垣は政界引退を発言するようになっていた（『読売新聞』一八九八年六月二七日号）。

この時期、板垣は立憲政体を完成させるためには政党内閣が必要であり、その成立には、政党の首領―代議士―選挙民を縦軸として信任する政党組織の完成が必要であると述べている（「立憲政体の妙用」『自由党党報』一四七号）。板垣は政党組織が未整備で結党したばかりの憲政党の内部分裂を憂慮し、党の基盤固めが優先と考えていた。この点も総理大臣を辞退した理由の一つであろう。

いずれにせよ、日本最初の政党内閣は成立した。進歩党系からは大隈が総理大臣兼外務大臣、大石正巳が農商務大臣、尾崎行雄が文部大臣、大東義徹（おおひがしぎてつ）が法務大臣となった。自由党系からは板垣が内務大臣、林有造が逓信大臣、九州派の松田正久が大蔵大臣で入閣した。だが、明治天皇は陸軍大臣桂太郎、海軍大臣西郷従道に直接留任を命じ、大隈総理大臣、板垣内務大臣に陸海軍両省は天皇の考えにより内閣の組織外に置くことを通達するなど、異分子を抱える新内閣の前途は多難であった（『明治天皇紀』第九）。

自由党系にも不満があった。閣僚数で進歩党系が四（大隈の兼任外相を入れると五）、自由党系が三だったからだ。ただし、大隈が兼任した外務大臣は、七月八日に上京したロシア帝国のキリル大公接待の都合上、一時的という条件であった。しかし、大公帰国後に板垣が外相のポストを自由派に近い伊東巳代治か関東派の星亨に譲ることを求めたが、大隈は政党に属さない桂陸相・西郷海相に相談し、さらに天皇の意思が自らの留任にあることを確認すると、外務大臣にとどまった（『明治天皇紀』第九）。大隈は内閣崩壊の恐れがあるとして、星の入閣を棚上げにし、自らの外相兼任への批判を当面封印することに成功する（『星亨』）。

隈板内閣崩壊の序曲

八月一〇日、隈板内閣下、第六回総選挙が実施され、憲政党が総議席の八割を超える二四三議席を獲得して圧勝する（「隈板内閣下の総選挙」）。ところが、一〇月三一日、日本最初の政党内閣として期待された隈板内閣は瓦解（がかい）する。わずか四ヵ月である。それはなぜか。

隈板内閣は、日清戦後の政府・議会の対立を教訓に両者の円滑な関係による憲政の運営を目指した。内閣の政治任用によって任命される政務官と恒久的に執務する事務官を区別して官僚の身分保障を行い、その支持を得ようとした（『政党と官僚の近代』）。

しかし、政権を獲得した憲政党員は次官・局長クラスの主要官職や知事などの地方官を獲得する一方、官職に就けなかった憲政党員は政府および地方行政の官職をめぐる猟官工作を展開し、大隈や板垣を苦しめた。板垣の側近龍野周一郎も内閣成立早々の七月二日に板垣内相、三日に西山志澄ら八名とともに林逓相、松田蔵相、板垣内相を訪問、人材登用について意見を述べている（「龍野周一郎関係文書」）。

新聞各紙も猟官工作に対する批判を強めた。他方で明治天皇は大隈と板垣が憲政党を指揮して大臣なども人選できると考えて政権を委ねたが、両人の指導力は皆無で大臣の人選も党に操縦されていると怒りをあらわにする（『明治天皇紀』第九）。

また、自由党系と進歩党系の政策対立も内閣崩壊の背景にあった。板垣ら自由党系は第一次日清戦後恐慌以降、外資輸入論を強く主張し、鉄道国有化によって国内の資本不足を解消し、経済界救済を目指した。また、農商務次官・大臣を歴任した金子堅太郎の工業銀行設立計画を継承し、大蔵次官添田寿一（そえだじゅいち）や大蔵省参事官兼監督局長に就任した栗原亮一を中心に外資輸入のための工業銀行の設立にも取り組んでいた。しかし、進歩党系は鉄道国有化や巨額の外資輸入に消極的であった（『明治期の立憲政治と政党』）。

崩壊へ――共和演説事件と星亨の策謀

こうした状況で、八月二一日、尾崎行雄文部大臣のいわゆる共和演説事件が起こる。尾崎は帝国教育会の夏期講習会で拝金熱の高まりを批判し、「日本に仮に共和政治ありと云う夢を見たと仮定せられよ、恐らく三井三菱は大統領の候補者になるのであろう」と発言する（『憲政党党報』一）。この言葉尻を捉えた藩閥の桂太郎陸相、西郷従道海相らは尾崎を痛烈に批判した。さらに、一〇月二一日、板垣内相も桂や川上操六参謀総長らの誘いに乗って、尾崎を批判する上奏を明治天皇に行う。共和演説事件は政争の具となったのである（『明治期における不敬事件の研究』、『明治天皇紀』第九）。その結果、明治天皇が尾崎に辞表提出を求める沙汰を下し、二四日に尾崎は辞職する。

一〇月二六日、大隈首相は尾崎の後任に進歩党系の犬養毅を推薦し、翌日天皇の裁可を得て親任式を行った。板垣は大隈の専断に激怒し、親任式の前に明治天皇に拝謁して大隈への不信と閣議の真相を述べた。そして、犬養が文部大臣に就任した場合、板垣は松田大蔵大臣、林逓信大臣とともに閣僚を辞任すると上奏した（『明治天皇紀』第九）。

そこで登場したのが、八月に帰国したにもかかわらず、外相になれなかった駐米公使の星亨である。一〇月一三日、星は板垣、林、松田、片岡、江原ら自由党系幹部と会合し、地租増徴と鉄道国有問題を閣議に提出し、進歩党系が譲歩しなければ、憲政党を分裂させて真の政党内閣を結成すべきと主張する（『読売新聞』一八九八年一〇月一六日号、『大阪朝日新聞』一八九八年一〇月一五日号）。一〇月二五日には蔵相官邸で自由派の代議士、前代議士、代議員一〇〇余名が会合、星を会長として憲政党大会に関して協議した（「龍野周一郎関係文書」）。一〇月二九日、星は自由党系のみで憲政党臨時大会を開催して憲政党を解散、進歩党系を排除して同名の憲政党を新しく結成するという大胆な策略を決行した。同日、板垣内相、林逓相、松田蔵相も辞任する。

板垣は明治天皇に奉呈した辞表のなかで、在職中に大隈と政務上の意見がたびたび相違したこと、共和演説事件で尾崎の辞任を求めたにもかかわらず聞き入れられなかったこと、尾崎の後任に犬養を独断で推薦したことを辞任の理由に挙げている（『明治天皇紀』第九）。大隈が自らの政治力を過信し、板垣や自由党系への配慮が不足したことも隈板内閣崩壊の一因であったといえよう。

大隈はなおも内閣の存続を図ろうとしたが、一〇月三一日に進歩党系閣僚とともに辞表を提出、憲政史上初の政党内閣である隈板内閣はわずか四ヵ月で終焉した。なお、内閣崩壊後、進歩党系はやむなく憲政本党を結成する。

隈板内閣の崩壊は板垣の政治力の限界を露呈した。しかも、板垣の悲観的な予測は的中し、憲政党、ひいては政党内閣の脆弱性を天下に示したのである。

星亨による憲政党掌握

一一月八日、第二次山県有朋内閣が成立した。一方、憲政党は新たに関東派の星亨と星に近い江原素六（静岡県選出、前衆議院議員）、土佐派の片岡健吉を一切の党務を管理する総務委員に任命し、さらに憲政党に入党した末松謙澄を総務委員に選出した。さらに、大隈内閣の閣僚を務めた板垣、林、松田も総務委員待遇となった（衆議院議長に就任した片岡も総務委員待遇となる）。この七人のなかで、憲政党を主導していくのが星である。

星は陸軍大臣の桂太郎と連携し、一一月一五～一七日に開催された陸軍特別大演習に板垣や憲政党代議士ら両院議員を招待、彼らを喜ばせるよう図った。板垣には陸軍の名馬を乗用に差し出させ、板垣が天皇と対話する機会をつくり、末席から天皇と歓談する板垣の姿を見た代議士たちを感動させた。

大演習の期間、星・板垣・片岡と山県・桂・西郷海相は提携交渉を重ねた。一一月二九日、山県内閣は超然主義を取らず、鉄道国有・選挙権拡張などの憲政党の政策を採用し、憲政党と利害休戚（きゅうせき）をともにする条件で提携が成立した（『星亨』）。こうして、憲政党は山県内閣と提携、第一三議会（一二月三日開会）に臨む。

一二月二〇日、星の辣腕によって地租を地価の二・五％から三・三％に五年間引き上げる、地租条例中改正法律案（地租増徴法案）が憲政党などの賛成により衆議院で一六一対一三四で可決され、二七日に貴族院を通過、成立した。星は地租増徴法案を成立させるため、田畑地価修正法案を抱き合わせとし、東北・北陸などを除く地価を切り下げる一方、地方税負担であった監獄費を国庫負担とし、議員歳費を八〇〇円から二〇〇〇円に増額することまで山県内閣に認めさせた。さらに、後述するが、地租増徴法案に反対した憲政本党議員の買収まで行っている。

また、自由党が目標の一つとしてきた府県制郡制改正案も成立した。府県会・郡会議員選挙の複選法（府県会議員は郡会議員が、郡会議員は町村会議員が選出）や大地主制（郡会議員の四分の一を地価一万円以上所有者の互選により選出）は廃止され、選挙権も直接国税三円以上納入者に拡大された。

新しい選挙制度による府県会議員選挙が一八九九（明治三二）年に迫るなか、地租増徴は憲政党の支持基盤である地主層に打撃であり、憲政党はそれに代わる魅力的な政策を打ち出す必要があった。それが、星亨の打ち出した地方基盤の拡張強化である「積極主義」であった。星率いる憲政党は鉄道国有、鉄道速成、監獄費国庫支弁、港湾修築、教育機関の拡充などを掲げて府県会議員選挙を戦うことになる（『明治憲法体制の確立』）。

帝国議会開設以来、地方の治水事業への国庫補助増額、道路・港湾改修、官公立学校新設・誘致などの地方的利益の実現を政府に要請する際に、地元選出代議士の活動に期待する声は高まっていた。

一八九九年四月、星は憲政党東北出張所開設式の席上で、憲政本党の地盤であった東北の築港、東北鉄道の完成、東北大学の設立について演説し、地方的利益の実現を政府と提携する憲政党に期待させ、党勢拡張につなげようとした（『星亨』）。これに対して、憲政本党は地租増徴反対を掲げて選挙運動を展開した。

一方、板垣ら土佐派は「通商国家構想」のもと、航海奨励法案、移民保護法案、輸入棉花海関税免除法律案などを成立させている。ただし、星の「積極主義」と異なり、土佐派の政策は仮に実現したとしても、地方利益には直結せず、党勢拡張の効果も少なかった。

一八九九年秋の府県会議員選挙の結果は憲政党系七九二、憲政本党系四三一、帝国党（国民協会の後身）系一〇九、中立二五六であり、星の「積極主義」が功を奏して、憲政党が圧勝する（『日清・日露戦争と帝国日本』）。

このように、星の「積極主義」は党勢拡大に大きく貢献した。その星は自由党内で政治資金の豊富さでも群を抜いていた。星は党の資金を掌握して自派の関東をはじめ、中国、近畿、北信、東北に運動費を多く分配する一方、土佐派の本拠地四国にはほとんど運動費を配分しないという方法などで党内を掌握した（『大阪朝日新聞』一八九九年三月二七日号）。

追いこまれた政界引退

だが、横浜市の海面埋立をめぐる利権争いが政治問題化する（「横浜埋立事件の一考察」）。この事件は、第一三議会で地租増徴法案に反対した憲政本党議員五名を買収して賛成させる見返りに、星が内務省を通じて、横浜海面払下げを小山田信蔵という政商に認可させた点が問題視された。

一〇月二六日、この横浜埋立事件に反発した土佐派の竹内綱（前代議士）、大江卓（元代議士）、栗原亮一、総務委員待遇の林有造らが会合し、星除名などを打ち合わせた（『万朝報』一八九九年一〇月二八日号）。

大江と竹内は一一月一五日の党大会で党則改正の「意見書」を起草し、総務委員の首班として総理を設置するよう主張する。このとき、大江や竹内が総理に想定していたのが板垣である。板垣を総務委員の「首班」に置くことで、星を抑制し、土佐派の復権を図ろうとしたのだろう。また、総務委員を一〇名に増員し、各府県から一名ずつ選挙される評議委員会の選挙で決定すること、評議委員会が党議や党の諸規則、重要事項を議決するなど、合議制が重視された（大江卓・竹内綱「意見書」）。

一一月一日、総務委員待遇の板垣と総務委員の末松が星邸を訪問し、星に総務委員の辞任と横浜埋立問題の指令取消を勧告した。

これに対して星は辞任を拒否、横浜埋立事件も解決に向かい、党内に紛擾はないと主張したうえで、むしろ党内を攪乱している者を処分すべきであると反論する。結局、総務委員会では、憲政党本部は横浜埋立事件に関与しないとし、党内の意思疎通を図ることを決議した(『読売新聞』一八九九年一一月二日号、『万朝報』一八九九年一一月三日号)。また、星配下の関東派だけでなく、松田正久らの九州派も党則改正の動きに反対したため、党則改正案が一一月一五日の党大会で通過することは絶望的となった(『東京日日新聞』一八九九年一一月八日号)。

一一月八日、板垣は突然、総務委員待遇の辞表を党本部に提出、従者一名を連れて鎌倉に隠遁する。板垣は逆境でこそ本領を発揮できるが、順境では引退して精神を保養したいと述べ、府県会議員選挙に勝利したので、今後は社会問題(社会政策)に尽力したいと辞表に記している。だが、板垣は自ら党則改正に関与していないが、関与しているとの誤解を避けるために、憲政党大会前に辞任したとも弁明しており、党則改正問題が政界引退の一因になったといえよう(『日刊人民』一八九九年一一月一〇、一四日)。

板垣の政界引退は一九〇〇年九月の立憲政友会成立のときとされることが多い。しかし、星に憲政党の主導権を奪われた板垣は、その約一年前、六三歳で政界引退に追い込まれたのである。

第五章　政治への尽きぬ熱意——自由党への思い

1　自由党再興計画と『自由党史』の編纂

立憲政友会の結成

一九〇〇（明治三三）年九月一三日、憲政党は臨時大会を開き、正式に解党を宣言した。一五日には立憲政友会発会式が挙行され、伊藤博文を総裁とする立憲政友会が成立した。このとき、幸徳秋水が「自由党を祭る文」を執筆し、憲政党解党によって自由党以来の光栄ある歴史が抹殺されたと批判したことはよく知られている（『万朝報』一九〇〇年八月三〇日号）。

憲政党はこうした批判に配慮して、臨時大会の席上、自由党の創立者ともいえる板垣退助への感謝決議案を可決した。また、憲政党は残務委員五名（末松謙澄、星亨、林有造、松田正久、片岡健吉）を指名し、板垣が着手していた自由党の歴史編纂を担当させている。

板垣は立憲政友会の結成に反発していた。発会式の一ヵ月ほど前の八月一二日に伊藤と面会し、新党が立憲政友会の名称となることに、党ではなく、会とすることは自由党の歴史を抹殺するものであると反対した。だが、伊藤は立憲政友会で進めたため、激昂した板垣は北海道旅行に出かけ、憲政党解党大会・政友会発会式を欠席した（『万朝報』一九〇〇年八月二七、九月八日号、『日刊人民』一九〇〇年八月一四日号）。

憲政党解党後、土佐派の林や片岡らは政友会に参加したが、すでに昔日の影響力は失われていた。

一九〇一年六月二一日、政友会でも辣腕を発揮していた星亨が暗殺されると、政友会の一部から板垣を伊藤に次ぐ副総裁にしようとする動きが出てきた。

板垣は伊藤と面会し、七月八日には政友会組織改革の必要性を説く意見書を提出している。その内容は政友会幹部である総務委員を廃止し、総裁を補佐する顧問数人を置くこと、顧問長が院内総理、政務調査部長、応接係などを選任すること、政友会の地方団体を廃止し、一府県下五名の委員を選出して地方連合倶楽部を設置することなどであった（『大阪朝日新聞』一九〇一年六月二八日号、七月一七日号）。板垣は伊藤の持論であった総裁専制を批判し、総裁の権力と党の意見が両立する体制を主張したのである。だが、総務委員原敬の消極論もあり、伊藤に批判的な組織変更は採用されなかった（『原敬日記』一巻）。板垣の副総裁案も立ち消えとなっている。

自由党再興と挫折

一九〇三（明治三六）年五月、政友会総裁伊藤博文が独断で第一次桂太郎内閣と予算問題で妥協した。六月以降、妥協に反対した片岡健吉や林有造ら土佐派の大半は脱会。この動きに呼応して、板垣は六月一九日と二七日に政友会脱会者を中心とする旧友茶話会で演説している。板垣は二七日の演説で、新政党は自由、平等、博愛を主義とし、綱領に、小作条例、労働組合、鉄道国有、殖民政策、累進税法などの社会政策を確定するよう主張した（『政友』三五号）。伊藤直系で元司法大臣の金子堅太郎によると、これは新政党組織の計画であり、板垣を首領に推す準備であった（『伊藤博文関係文書』四）。

晩年の板垣退助

この時期に板垣は土佐派の坂崎紫瀾に新政党の綱領と宣言書案を立案・修正させていた。宣言書は立憲政治が確立された現在、社会・経済面での専制を取り除くことが急務とする。そのうえで、宣言書は資本家と労働者の調和を主張する一方、自由、平等、博愛主義に基づく社会政策の確立を訴えていた。

具体的には、先にふれた新政党の綱領に求めたものと重なるが、社会政策では小作条例の制定、労働局の設立、工場法の制定、「窮民救助法」の政府、自治体による制定など、経済政策では積極財政、外資輸入、鉄道などの国有化、殖民政策の拡張などを掲げ、外交政策では清・韓二国の保全を主張して対ロシア強硬論を主張していた（『政友』三七号）。

一〇月三一日、板垣を長年にわたって支え続け、新党結成を時期尚早としていた片岡健吉衆議院議長が病死した。片岡の死後、林有造を中心に新党設立への動きが活発化したが、新党内部で土佐派と関東派の主導権争いが激化していった。

一二月二一日、新政党の創立総会が開催された。党名は自由党と決定される。衆議院議員の林有造（高知県選出）、駒林広運（山形県選出）、田村順之助（栃木県選出）ら七名が常務委員に選出される（『万朝報』一九〇三年一二月二二日号）。政界を引退した板垣は無役であったが、事実上、自由党の首領と見なされていた。

板垣は自由党（憲政党）を伊藤に譲ったのは、党員が大政党を結成したいという熱望を示し、伊藤も板垣の自由主義に同調したためであると述べる。だが、自由党を変じて政友会としたのは大なる過失であり、政界腐敗に同化し、主義政策を忘れる結果になったと批判した。そのうえで、自らは自由、平等、博愛の主義で一貫しているが、資本家の専制に対して人民の生活を擁護するように主義が発展したとして、全国の政友に支持を求めた（『政友』四二号)。

一九〇四年三月一日、第九回総選挙が実施された(政友会一三三、憲政本党九〇、帝国党一九、自由党一八)。自由党は候補者二三名(前職一七、元職二、新人四)のうち、一八名(前職一五、元職一、新人二)の当選にとどまった(『日本の政党政治1890―1937年』)。選挙後、小政党にとどまった自由党で存続論と解党論が対立した結果、一九〇五年三月一八日の自由党総会で自由党創立事務所の解散が宣言される(『土陽新聞』一九〇五年三月二一日号)。

社会政策の推進と激化事件顕彰運動

自由党再興の挫折後、板垣は社会政策と自由民権運動の顕彰に尽力した。高知における社会改良会の機関紙であった『土陽新聞』は社会政策を社会改良論の一部であり、国民的生活問題に関連して立案する政策であるとしている。板垣の社会改良論で主要なものは、慈善事業論、家族・自治体論、風俗改良論、公企業論、小作立法論などであった(「日露戦後経営と初期社会政策」)。

一九〇〇(明治三三)年二月、風俗上の弊害を矯正し、国家の品位を高めることを目的とした中央風俗改良会(のちに風俗改良会へ改称。会長西郷従道)が結成されると、板垣は渡辺国武とともに副会長に就任した。風俗改良会が一九〇三年に機関誌『友愛』を刊行すると、板垣は創刊号に「自由、平等、博愛主義」の論説を掲載している。

板垣はイギリス流の社会政策の実施、先述したような窮民の扶助や労働局の設置、小作条例、工場法の制定などを主張していた。そのうえで、個人の競争を認めつつも、貧富の格差を調和して相互の幸福円満を図ると述べている。こうした社会政策を反映しようとしたのが、再興・挫折した自由党であった。

その後、風俗改良会は財政難で活動を停止、『友愛』も一九〇四年に七号で刊行を停止した。しかし、板垣は屈せず、一九〇七年に高知で社会改良会を結成、一一年には雑誌『社会政策』を刊行し、晩年まで社会政策を訴え続けた（「日露戦後経営と初期社会政策」）。

一方、板垣は激化事件で命を落とした民権家の顕彰（激化事件顕彰運動）にも精力的に取り組んでいた。激化事件顕彰運動は一八八〇年代からすでに行われていたが、組織的に実施される契機となったのは一九〇四年に開戦する日露戦争である（『明治期の立憲政治と政党』）。

一九〇五年二月二二日、旧自由党系の旧友懇親会が東京池上曙楼で開催され、星亨の墓所本門寺に赴いた後、板垣が憲法政治創立の由来について演説した。

一月にはロシアの拠点である旅順を陥落させ、日本が戦争を優位に進めるなか、板垣は日本が最強国ロシアに勝利を収めているのは立憲制のおかげであり、そこで尽力した民権家を慰霊、顕彰すべきであると述べている。そして、次回幹事に旧自由党系の松田正久、林有造、河野広中が選挙され、会名を旧友会と決定するなど、旧自由党系の団体として継続されることが確認された（『土陽新聞』一九〇五年二月二四日号）。

一九〇八年三月二一日、東京芝区青松寺で行われた加波山事件殉難志士第二三回忌追悼会が、福島・喜多方事件殉難者五名を合祀する形で行われた（『土陽新聞』一九〇八年三月二五日号）。この追悼会では、加波山事件に連座し、のちに釈放された政友会衆議院議員の小久保喜七（茨城県選出）が事件の顚末について詳述し、政友会衆議院議員の内藤魯一（愛知県選出）が自由党の略史について演説し、その後、板垣が自由党解党と加波山事件の経緯について演説、河野広中が閉会の辞を読み、記念撮影をして終了した。

一九〇九年二月二六日、内藤魯一は「憲政創設功労者行賞に関する建議案」を衆議院に提出し、憲政創設の功労者を政府が取り調べ、天皇に上奏することを求めた。内藤は演説で憲政創設の功労者として板垣をはじめ、後藤象二郎、大隈重信や大井憲太郎、片岡健吉、河野広中の功労を賞賛する一方、伊藤博文や井上馨、山県有朋などの藩閥の元勲を厳しく批判した。

内藤が建議案を提出した背景には、板垣を公爵に陞爵させ、加波山事件など激化事件の志士たちを追弔する意図があ

内藤魯一（1846～1911）

った。内藤の建議案は衆議院で修正・可決されたが、政府はさらに憲政功労者を調査・行賞する必要はないと決定した。だが、内藤の演説には激化事件関係者の遺族を含め、大きな反響が寄せられている(『明治期の立憲政治と政党』)。

一代華族論の発表

一九〇七(明治四〇)年二月、板垣は華族の世襲を廃止する「意見書」いわゆる「一代華族論」を発表した。

この「意見書」は、明治維新によって四民平等を達成したにもかかわらず、一君と万民の間に華族のような中間階級を設けることに反対し、国家に功績のある人物に対して爵位を授与する際は一代限りとして世襲を認めないとするものであった。

板垣はこの「意見書」を全華族八五〇名に送付したが、回答者はわずかに三七名であり、賛成者一二、賛否を明言しない者一八、反対者七名という結果だった。

また、板垣は新聞紙上で谷干城と一代華族論の是非について激しい論争を戦わせている。このとき、板垣が自らの一貫性を示すために、「会津開城の逸話」を強調し、谷は激しく否認している(『谷干城遺稿』四)。これについては、第一章でふれたとおりである。

板垣が一九〇七年という時点で「意見書」を発表したのは、日露戦争の功績によって新華族が多数誕生する一方、華族層も第二世代へ移行しつつあったためである。また、板垣自身が七〇歳を過ぎて死を意識し、爵位をどうすべきか考えて、再び華族制度に関する意見を社会に提示したとされる（「老年期の板垣退助と大隈重信」）。さらに、一九〇七年は板垣が爵位を受けてから、二〇年という節目の年でもあった。

二月一四日、高知の『土陽新聞』主筆宇田友猪は同紙上に板垣の意見書を掲載し、賛同する。宇田は『土陽新聞』（二月一六、一七、一九、二〇、二二、二三日号）に『自由党史稿本』一四巻から「板垣伯辞爵事件史」を転載した。宇田は二〇年後の今日、早くも辞爵事件の何であるかを忘れ、あるいは板垣が突然一代華族論を提起したと考える者もいると思ったからだ。宇田は「一代華族論」が辞爵事件以来、板垣の一貫した赤誠（せきせい）であることを示そうとしたのである（『明治期の立憲政治と政党』）。

『自由党史』の編纂——宇田友猪・和田三郎の役割

一九一〇（明治四三）年三月、板垣退助監修、宇田友猪・和田三郎編纂『自由党史』がようやく刊行された。一九〇〇年九月の憲政党解党大会で正式に党史編纂が決定されてから約一〇年の歳月が経過していた。

すでに、国会開設運動の歴史を叙述した「国会論の始末」（一八八四年）が『自由新聞』に掲載され、軍人板垣の戊辰戦争における活躍を活写した栗原亮一・宇田友猪編纂『板垣退助君伝』第一巻(一八九三年)も刊行されていた。豊富な歴史編纂の経験を持つ宇田友猪ら土佐派が『自由党史』の刊行に約一〇年の歳月を要した理由は、第一に歴史観の相違、第二に出版をめぐる混乱と激化事件顕彰運動があった。

当初計画された『自由党史』は自由民権運動から憲政党解党を執筆範囲としていた。だが実際に刊行された『自由党史』は明治維新から帝国憲法発布までの期間を執筆範囲としている。それは星ら関東派と板垣ら土佐派との編纂意図の距離にあった(遠山茂樹「解説」)。

星は憲政党の解党を憲政の美を成し遂げるための手段に過ぎず、政友会への発展的解消と捉えていた(『日刊人民』一九〇〇年八月二八日号)。星の機関紙『日刊人民』は憲政党解党大会の翌日から「憲政党小史」を三九回にわたって連載し、明治維新から自由民権運動を経て自由党の結成、憲政党の解党に至るまでの歴史を描いている(『日刊人民』一九〇〇年九月一四日〜一一月八日号)。

これに対して、立憲政友会の結成に反発を隠せなかった板垣である。結局、一九〇一年に星が暗殺され、憲政党の解党を政友会への発展的解消と捉える歴史観も『自由党史』に反映される可能性はなくなったと思われる。

一方、激化事件顕彰運動のなかで、加波山事件など関係者の史料調査が実施されたことも

『自由党史』の編纂計画に大きく影響し、刊行の遅延につながった。近年、高知の郷土史家の公文豪によって紹介された宇田執筆と推定される記事によると、憲政党解党の際、栗原亮一が主任となり、宇田が『自由党史』の史料収集と編纂にあたって草稿本一五本を完成させていた。

ところが、宇田の『自由党史』稿本を政友会が出版しなかったため、板垣が一九〇六年に林有造を介して残務委員から『自由党史』稿本を譲り受け、もう一人の編纂者和田が一九〇七年一一月頃に『自由党史』稿本を修正、脱稿する。しかし、板垣はさらに旧自由党関係者の遺事や殉難志士の写真・文書を収集するとして、旧自由党系の杉田定一衆議院議長や栗原、改野耕三、山本幸彦、奥野市次郎らにその趣旨を説明していた（『土陽新聞』一九〇七年一一月一九日号）。

実際に板垣らは、一九〇九年一二月頃まで写真や史料収集を実施し、福島の自由民権家苅宿仲衛の遺族にも、『自由党史』巻頭に掲載する苅宿の写真を急送するよう求めている。つまり、『自由党史』の刊行が遅れたのは、板垣が旧自由党関係者、特に激化事件関係者の史料収集を続けたこともその一因であった（『自由民権家乃記録』）。

『自由党史』の歴史観とは

『自由党史』は宇田の『自由党史』稿本に和田が削除や訂正、追加、修正をして完成させている。宇田は土佐派の活躍を描く一方、藩閥の伊藤博文や山県有朋らを批判していた。また、華族制度への批判も強く、明治天皇への批判につながりかねない筆致であった。これに対して、和田は土佐派の活躍をさらに強調して加筆・修正する一方、明治天皇への批判的な叙述を削除する。

特に、板垣や和田は『自由党史』の天覧（天皇が見ること）を強く意識していた。板垣は病床のなかでも、万一不敬の文字があってはならぬと思い、『自由党史』上巻の三分の一を読みかえした。天覧の可能性が和田による記述の修正、削除につながったのである（『土陽新聞』一九一〇年五月二一、二二、六月七日号）。

『自由党史』は、板垣を中心とする土佐派が自らを「維新改革の精神」を継承した本流とする「明治維新観」に沿って執筆された。土佐派の「明治維新観」とは、戊辰戦争、明治維新と高知藩の藩政改革、明治六年政変、自由民権運動、国会開設までを一つの流れとして見る歴史観であった。

大日本帝国憲法の制定もまた、激化事件などに関わった民権派の志士の身命をかけた功績であり、皇室と人民の契約によって制定されたとする。

この背景には、「維新改革の精神」を継承した土佐派を中心とする民権派が終始一貫して藩閥政府と苦闘した結果、大日本帝国憲法発布に大きく貢献したとする独自の歴史観があった(『明治期の立憲政治と政党』)。

2 八三歳での死——「一代華族論」の実行

第一次護憲運動への参加

一九一二(明治四五)年七月二九日、明治天皇が死去(公表は三〇日)、翌日皇太子嘉仁(よしひと)親王が践祚(せんそ)して大正が始まった。

八月一日、板垣は第二次西園寺公望内閣の原敬内務大臣に明治天皇の陵を東京に造るよう要請したが、原から先帝(明治天皇)の御遺志や皇后・新帝の思し召しによるべきであるとたしなめられている。ただし、原は神社の建立を希望するのは差し支えないと付け加え、板垣も承服する(『原敬日記』三巻)。

八月二日、板垣は明治天皇について、五ヵ条の御誓文で万機公論を定め、万民の意向によって万事を決定したとし、その器量は海のごとく広く、山のごとく高いと新聞記者に絶賛している。そして、東京遷都や臣民の愛国心を養成した功績を列挙し、神宮(明治神宮)だけでなく、明治天皇の銅像を建設して、民衆が天皇に思いを馳せる必要性を強調した（『東京朝日新聞』一九一二年八月三日号）。その際に、板垣は一般国民に寄付を募り、銅像を旧江戸城本丸（現皇居東御苑）に建設することも提唱している（『読売新聞』一九一二年八月三日号）。

一二月二日、西園寺内閣の上原勇作陸軍大臣が二個師団増設問題で単独辞任し、後継陸軍大臣の推薦を元老山県有朋が拒否したため、内閣は総辞職した。後任の首相は、山県の直系と見なされていた内大臣の桂太郎であり、世論の批判が集中した。立憲国民党の領袖犬養毅、政友会の尾崎行雄らが元老や藩閥政治を批判、第一次護憲運動が始まる。

一二月一九日には東京木挽町歌舞伎座で第一回憲政擁護連合大会が開催された。政友会の尾崎行雄、杉田定一や国民党の犬養毅ら貴衆両院議員をはじめ二〇〇〇人以上が参加したが、そのなかには板垣退助（七六歳）の姿もあった（『土陽新聞』一九一二年一二月二一日号）。

一九一三（大正二）年一月七日、板垣、大江卓、山本幸彦、白石直治（高知県選出、衆議院議員）ら七〇余名によって憲政擁護土佐同志会が結成され、板垣も演説した。憲政擁護土佐同志会は政友会・国民党などの連合を支持したうえで、連合した各政党に第三一議会冒頭で桂内閣不信任上奏案を提出させることを決議する（『高知新聞』一九一三年一月九日号）。

一月一三日、憲政擁護土佐同志会の総代大江卓、山本幸彦、林包明が宮内省に出頭し、股野文事秘書官長を経て大正天皇に上奏文を奉呈した。その内容は、二個師団増設問題以来の元老の政治介入や桂首相による詔勅の乱発を弾劾するものであった（『土陽新聞』一九一三年一月一五日号）。第一次護憲運動が高揚し、二月一〇日には数万の群衆が帝国議会を包囲するなか桂首相は総辞職を決意、翌日に第三次桂内閣は総辞職した。

このとき、護憲運動に参加した板垣は選挙権拡張には賛成していたが、男子普通選挙には反対であった。板垣は国税を納める一家の戸主（家長）にのみ選挙権を与える戸主参政権法案を主張している。板垣は先祖や子孫に配慮する継続観念、一家を営み、国家の負担にたえる国家観念を有するのは戸主だけであると考えていた（『社会政策』第一年六月号）。

歴史となった自由民権運動

一九一五（大正四）年四月一七日、板垣・杉田定一らによる旧自由党懇親会が開催された。第一二回総選挙で惨敗した政友会に対し、板垣は自由党の後身である政友会が政権を渇望するあまり輿論を無視して官憲に媚びているとし、こうした行為は自由党の精神を甚だしく破壊するものであると激烈に批判している（『東京朝日新聞』一九一五年四月一九日号）。

五月一七日には、自由党旧友会の第一回総会が開かれた。そこで板垣は政友会に対して自由党時代のように、代議士による政務と地方代議員による党務を分割し、国民の自覚に訴えて党勢を挽回するように演説した。これに対して、政友会総裁原敬は旧友会は政友会と別であると牽制している（『東京朝日新聞』一九一五年五月一九日号）。原らは板垣の政治への熱意を危惧する一方、宮中を通じて板垣に資金援助を行うことで、つなぎ止めようとしていた（「老年期の板垣退助と大隈重信」）。

さて、それから二年を経た一九一七年一二月一八日、板垣は旧自由党員とともに、過去の自由民権運動に奔走した人々の霊魂を弔慰するため、立憲同臭幽明会を組織した（『東京朝日新聞』一九一七年一二月一一日号）。翌年二月一七日には鶴見総持寺で憲政のため尽力した民権家の法要を実施する。この席で板垣も演説しようとしたが、長時間の起立に耐えられず、代読してもらっていた（『読売新聞』一九一八年二月一八日号）。

一九一七年四月、国家学会の『明治憲政経済史論』を編纂していた東京帝国大学教授吉野作造が林有造を通じて板垣と面会し、自由党創立当時の歴史に関する聴き取りを行おうとした（『吉野作造選集』一四）。板垣は林を通じて、年月日の記憶が曖昧な部分について、吉野が事前に調査して聴き取りを行うのが好都合と述べている。そして、『自由党史』の事前調査とその編纂者和田三郎の同席を要求している（「吉野作造旧蔵史料」九）。

それについての史料はないが、一九一九年四月に刊行された『明治憲政経済史論』には『自由党史』をベースとする板垣の「我国憲政の由来」が掲載されている（『明治憲政経済史論』）。

このように、板垣らは最後まで自由民権運動を顕彰する一方、『自由党史』を自由民権運動の「正史」として語り継いでいた。

政界引退後、板垣の熱意は政治だけでなく、外交問題や植民地、さらには、社会政策や趣味の相撲にも向けられ、膨大な論文を発表している（『板垣退助全集』）。ここでは政界引退後の板垣の多彩な活動の一端を紹介しよう。

戦争防止の意見書・台湾同化会・国技館

一九〇七（明治四〇）年、オランダのハーグで第二回万国平和会議が開催された。板垣は自らの戦争防止意見書を提出するよう、林董（はやしただす）外相に都筑馨六（つづきけいろく）特命全権大使・第二回万国平和会議委員への転送を依頼している。

その内容は戦争の原因を外国の侵略、貿易上の関税問題、異人種の排斥にあるとし、侵略主義的な専制君主国に自由立憲の政治を採用させる一方、関税問題や人種問題は万国会議で国際的に解決するというものであった（「板垣退助のハーグ平和会議宛意見書について」）。

また、一九一四（大正三）年二月から三月、一一月から一二月の二度、台湾の政治・文化活動家林献堂（りんけんどう）らの誘いで台湾を訪問している。板垣は自由・平等・博愛を掲げて、台湾人の日本への同化と台湾人の不平等待遇の改善を主張し、一二月二〇日に台湾同化会を設立している。しかし、板垣の設立した台湾同化会は、台湾人の参政権獲得運動を危惧する台湾総督府によって解散させられた（「植民地在住者の政治参加をめぐる相剋」）。

一方、板垣は幼少の頃から相撲に非常に熱心であった。一八九八年の憲政党による全国遊説では板垣も各地を遊説したが、六月に両国の回向院の大相撲が開場すると、一日も欠かさず相撲を観戦して、なかなか九州遊説に出発しなかったという。こうしたエピソードを残す板垣が尽力したのが、一九〇九年に落成した国技館の建設であった。一九一〇年には、板垣が顧問格であった友綱部屋の友綱親方（初代海山）に各部屋の力士を集合させ、八百長相撲の禁止を勧告し、力士たちに誓約書を提出させている。

さらに、板垣は横綱太刀山や高知県出身の大関国見山など数々の名力士たちに、国技としての相撲のあるべき精神を説き、近代大相撲の確立に大きく貢献した（「国技館の誕生」）。

板垣の死——一代華族論の実行

一九一九（大正八）年七月一六日、板垣退助は東京芝公園の自宅で死去した。享年八三。二〇日には盛大な葬儀が東京芝区青松寺で行われ、力士二四名が板垣の遺徳を偲び、その棺を運んだ。

原敬首相が葬儀委員長を務め、大隈重信や旧自由党の河野広中、杉田定一、大江卓、林有造ら三〇〇〇人以上が葬儀に参列した（『東京朝日新聞』一九一九年七月二一日号）。

板垣の遺言の主な内容は、①持論の一代華族論を実行し、継嗣者が襲爵（爵位の継承）を願い出ることは許さない、②長男鉾太郎は病身のため廃嫡し、鉾太郎の長男守正（実際は次男）を相続人とする、③皇室からの下賜品などは親族が共同所有し、親友が証人となって保管することであった。

遺言の証人は、板垣に側近として仕えた元自由党事務員の龍野周一郎（元衆議院議員）、奥野市次郎（元衆議院議員）、斎藤珪次（衆議院議員）の三名であった（「龍野周一郎関係文書」）。

奥野の証言では、重態の板垣が天皇に爵位返上を申し上げたが、聞き届けられなかったので、一代華族論を実行したとしている（『東京朝日新聞』一九一九年七月一七日号）。また、板垣は死去する間際、自分は一代華族論者であるから、必ず襲爵を辞退するよう、鉾太郎にきつく遺言していた（『読売新聞』一九一九年七月一七日号）。

板垣の死は一代華族論の実行と併せて、新聞紙上でも大きく取り上げられた。

『東京朝日新聞』は板垣が一生の最後に一代華族論を実行したことは、自由の精神を全うしたと高く評価した。そして、板垣死すとも自由は死せずの語はいまにおいて意義があると結んでいる（一九一九年七月一八日号）。

『読売新聞』も不遇の板垣が一代華族論を実行したことを、いかに板垣が赤心に生き、主義に死する人であるかを立証したものと評価した。そして、偉大なる平民、板垣の死に対して無限の敬意を表さなければならないと結んでいる（一九一九年七月一九日号）。

鉾太郎の次男守正が継嗣者となったが、板垣の遺言に従ったため、板垣伯爵家は退助一代で終わった。板垣は自らの意志を最後に貫き、一代華族論を遺言の形で実行したのである。

各地での銅像建設

板垣の死後、大正デモクラシーの時代的背景のなかで、板垣の支持者は各地で板垣の銅像を建設し、あるいは、板垣を顕彰する慰霊祭を実行した。

銅像についてはすでに生前の一九〇六（明治三九）年三月一八日の古稀祝賀宴で発起人総代の松田正久が板垣の寿像（存命中に造る銅像）建設を発議すると、満場一致で決定された（『土陽新聞』一九〇六年三月二三日号）。一九一〇年四月二九日には、明治天皇から板垣の寿像建設と養老資金のため、二万円が下賜されていた（『明治天皇紀』第一二、『東京朝日新聞』一九一〇年五月五日号）。

板垣の銅像は建設年順に見ると、次の六体がある。東京芝公園の板垣退助銅像（一九一三年除幕、戦時中供出）、岐阜市の岐阜公園（一九一八年除幕、五〇年再建）、高知市の高知公園（一九二三年除幕、五六年再建）、栃木県日光市の金谷ホテル登り口（一九二九年除幕、六七年再

建)、東京都千代田区の国会議事堂（一九三八年除幕)、東京都青梅市の釜の淵公園（一九五一年除幕)。

このうち戦前に建設され、現存しているのは国会議事堂の板垣像のみであり、他の四体はいずれも供出され、三体が戦後再建された。なお、東京芝公園の板垣像は供出後再建されていない。

最初の銅像は生前のものである。一九一三（大正二）年四月一九日、東京芝公園の板垣退助銅像除幕式が挙行された（『土陽新聞』一九一三年四月二三、二四日号)。銅像の制作者はのちに高知公園の板垣退助銅像や高知桂浜の坂本龍馬銅像を建造する彫刻家本山白雲。先にふれた一九〇六年の板垣古稀祝賀宴で設置が決定され、紆余曲折の末に建設されたものである。除幕式には板垣本人や家族も参加し、後述するが、板垣は銅像の前で演説をしている。

一九一八年四月二一日、岐阜公園の板垣銅像除幕式が挙行され、板垣夫妻も参加した。これは板垣遭難事件に関連して建設されたものである。当日は板垣や鹿子木小五郎岐阜県知事、杉田定一貴族院議員らが演説し、事件当時愛知県病院長として板垣の治療にあたった内務大臣後藤新平の祝電が披露された。さらに、岐阜公園の武徳殿には、板垣が当日着用していたチョッキや相原の写真などが陳列され、伝説の舞台を身近に感じられる工夫が行われた（『新愛知』一九一八年四月二三日号)。

東京芝公園の板垣銅像除幕式，1913年

岐阜公園の板垣銅像絵葉書　除幕は1918年

高知公園の板垣銅像絵葉書　除幕は1923年

日光市の板垣銅像　除幕は1929年

一方、板垣の地元高知では、板垣の死からほぼ一年を経た一九二〇年七月四日、板垣伯銅像記念碑建設同志会が結成された。理事長の安芸喜代香は板垣の東北遊説や東海道遊説に随行した民権家であり、高知県会議員・議長や高知県教育会会長を歴任した（『史跡ガイド　土佐の自由民権』）。

なお、安芸は高知の『土佐史壇』に板垣遭難事件について講演録を掲載、『自由党史』の記述についても訂正・回想している。安芸は板垣遭難の五日後、なぜあの名言が飛び出したのか板垣に質問したという。板垣は思わず口から出た発言であり、平生よりこの主義は決して死ぬものではなく、政府も制圧することはできないと述べ、常に自らの頭から去らなかったと答えたという（『土佐史壇』第一）。安芸らの尽力によって、一九二三年一二月五日、板垣の銅像除幕式が高知で挙行された。

一九二九（昭和四）年一二月一〇日、軍人姿の板垣銅像が日光市上鉢石町の金谷ホテル登り口に建設された。銅像の制作者は本山白雲。徳川一六代宗家の徳川家達が題字を書き、撰文を宇田友猪が記している。宇田は日光が兵火を免れたのは板垣のおかげであると賞賛した。板垣の行動は日光東照宮の焼失を救った偉業として、地元で長く賞賛されていた（『日光山社殿の保全と板垣退助』）。板垣の銅像は戦時中の一九四四年、金属回収のため国に献納されたが、六三年に日光市長を会長とする建設委員会が発足、六七年四月一二日に除幕式が実施され、現在も神橋を挟んだ対岸の日光東照宮を睥睨している。

一方、愛知県豊橋市の龍拈寺では、一九二〇年一一月二五日に板垣伯追悼会が近藤寿市郎（愛知県会議員、衆議院議員、豊橋市長を歴任）主催で実行された。この追悼会には東三河の旧自由党員ら一〇〇余名が集まった。板垣が遭難した際に着用し、村雨信子に与えた血染めのシャツや紙片が展示され、板垣の遺著『立国の大本』も配布された（『豊橋日日新聞』一九二〇年一一月二六日号）。

板垣死すとも、支持者たちは板垣を忘れなかった。一九五三年には板垣の百円札が発行され、「板垣死すとも自由は死せず」の名言とともに板垣像は定着したのである。

終章　英雄の実像──伝説化される自由民権運動

政治的軌跡──一人五生の人生

板垣退助は一人五生ともいうべき、激動の人生を生き抜いた。

幕末の板垣は山内容堂や吉田東洋に抜擢され、その後土佐藩倒幕派の中心人物として活躍した。戊辰戦争では英雄となり、軍事指揮官としての名声を獲得する。

明治初年、板垣は土佐藩の藩政改革を実施し、明治政府の参議となった。しかし、明治六年、明治八年の政変で権力闘争に敗北して下野、西南戦争が西郷隆盛の敗北に終わり、板垣も西郷に呼応しなかった結果、武力による政権獲得の可能性も消滅した。板垣は第三の道を選択、言論による自由民権運動へ邁進(まいしん)する。

一八七〇年代末から八〇年代、板垣は自由民権運動の指導者として活躍した。特に、岐阜遭難事件と、その場での発言によって板垣は伝説的な名声を獲得する。しかし、板垣は外遊問題で挫折し、党の資金難と急進派への統制を失ったために、自らが立ち上げた自由党を解党した。さらに、板垣は辞爵事件でも自らの意志に反して爵位を受けて多くの批判を浴び、雌伏の日々を余儀なくされる。

一八九〇年の帝国議会開会とともに、板垣は民権運動の指導者から政党政治家へと飛躍する。立憲自由党を自由党と改称し、運動政党から議会政党へと転換させようとする。さらに、板垣は四民平等の立場から貴族院勅選議員を辞退し、院外から政党を指導する体制を創出する。他方で、栗原亮一の立案した「通商国家構想」に基づく政策を推進した。しかし、日清戦争後の伊藤内閣との提携失敗、民党を結集した初の政党内閣である隈板内閣の崩壊のなかで指導力を失い、星亨の台頭によって政界引退を余儀なくされた。

政界引退後の板垣は社会政策を推進する一方、激化事件顕彰運動に関与し、『自由党史』の編纂に尽力した。また、台湾同化会の設立や大相撲の改革にも活動の場を広げていった。

こうした紆余曲折を経た板垣の人生を統一的に説明しようとしたのが、『自由党史』の歴史観である。

『自由党史』は戊辰戦争の英雄、明治維新の参議、自由民権運動の指導者として、板垣を一貫して描こうとした。『自由党史』は板垣ら土佐派を明治維新の公議輿論＝「維新改革の精神」を継承する本流であると描いた。

しかし、『自由党史』の歴史観や脚色を取り除き、その政治的背景を踏まえて解明した姿こそ板垣の実像であろう。

政治的評価――自由民権運動における伝説の英雄

板垣退助の政治力は藩閥政治家の大久保利通や伊藤博文、あるいは大隈重信に及ばなかった。

板垣は明治六年の政変、明治八年の政変と権力闘争で敗北した。その意味で、政治力では大久保や伊藤に及ばず、後半生では権力に対する執着心も少なくなり、隈板内閣では総理大臣の座を大隈に譲っている。自由党総理としての板垣は外遊問題や自由党の解党、辞爵事件などで挫折を繰り返した。

板垣は一君万民論を唱え、天皇は政党外に超然として国民の上に立って裁可する権限(最上権)を持つべきとし、イギリス流の立憲君主制をモデルとしていた(第四章参照)。板垣は明治天皇への忠誠心も厚く、その死去に際しては銅像建立を提唱するほどであった。しかし、明治天皇への忠誠心は板垣遭難事件後の対応や辞爵事件に際して、伊藤ら政敵に利用され、大きな弱点ともなった。

一方、板垣は自らの足りない部分をよく知る謙虚さも持っていた。そのため、周囲の人物を登用することで、危機を乗り越えていく。戊辰戦争以来、板垣を支え続けた「土佐派」の存在はその意味で大きかった。板垣の代理的存在であり、党内の信望も厚く、衆議院の名議長として名を馳せた片岡健吉、優れた政治力・交渉力を発揮して伊藤内閣と自由党の提携を導いた林有造、あるいは板垣を戊辰戦争以来支え続けた山田平左衛門、西山志澄らである。また、板垣は民権運動の指導者として、土佐派以外の党有力者である河野広中、星亨、杉田定一、内藤魯一らを束ねていった。

帝国議会開設以降、板垣は河野広中を院内総理へ起用するなど彼らを党幹部として配置した。さらに、有能なブレーンとして栗原亮一や植木枝盛らを政策立案に起用し、国家構想や政策を打ち出していく。

一方、板垣には、軍事指揮官から藩閥官僚、自由民権運動の指導者、政党政治家へと立場を変える柔軟性や運動への熱心な努力があった。特に、岐阜遭難事件によって、民権運動の指導者として定着した後も、全国各地で遊説や選挙応援を積極的に行った。その意味で、大衆への演説を当初は嫌っていたとされる大隈とは大きく異なる(「老年期の板垣退助と大隈重信」)。

第三回総選挙で板垣は選挙応援の過密スケジュールを縫って、ほとんど当選の可能性がなかった、岩田徳義の選挙応援のために岐阜を遊説したのもその一例である。自分の側近や支持者、弱者に優しい板垣は熱心な支持者に支えられ続けた。

岩田は第三回総選挙の過程で「板垣君岐阜遭難記録」を連載し、板垣の政界引退後も『板垣伯岐阜遭難録』を刊行して「板垣死すとも自由は死せず」の名言を定型化するのに大きな役割を果たした（『明治期の立憲政治と政党』）。岩田は岐阜の銅像建設の際も板垣遭難事件の回顧談で板垣の名言について証言し、その伝説化に貢献している（『新愛知』一九一八年四月一六日号）。

板垣の魅力はその在野政治家としての一貫性であった。本書で概観したように、一八七七年の西南戦争までは板垣の一貫性は認めがたい。また、『自由党史』の描く「会津開城の逸話」は伝説であろう。しかし、一八七七年の西南戦争によって西郷隆盛が死去した後、板垣は明治維新の元勲でありながら、藩閥政府に対する抵抗のシンボルとなった。その後、板垣は約二〇年にわたり、在野の自由民権家・政党政治家として一貫していたのである。

板垣は一九一三年四月一九日、東京芝公園における自らの銅像除幕式で、自分は理想を立てて自らの信じるところを行ったのみであるとし、毀誉褒貶（きよほうへん）は眼中にないと述べている。そのうえで、板垣は自らが生命の危機を何度も乗り越えて生き延び、終始順境よりも逆境を好んだ人生であったと回顧した（『土陽新聞』一九一三年四月二四日号）。

たしかに、板垣は何度も挫折や不遇、貧窮を経験したが、耐え続けた。板垣の在野性は大隈重信や幼なじみで盟友であった後藤象二郎と大きく異なる点であり、板垣ほど自由民権運動・初期議会期における「民党」の指導者としてふさわしい人物はいなかった。特に、板垣の一君万民論に基づく華族制度批判は一貫しており、その在野性が自由民権運動・自由党と支持を集め続けた一因といえよう。

しかし、帝国議会開設後の板垣には多種多様な利害を有する代議士を組織して彼らの要求に応え、あるいは党勢拡大を実現する手腕や政策に欠けていた。第二次伊藤内閣への入閣後、板垣は在野の政治家としての象徴性も失った。

また、板垣は「通商国家構想」を実現後、「民党」のシンボル的な政策である地租軽減に代わる党勢拡張の具体策を示せなかった。そして、地方利益を実現する「積極主義」を掲げた星亨の台頭に伴い、政界引退を余儀なくされたのである。

一人五生を生きた板垣退助であったが、板垣が最も活躍し、伝説化されたのはやはり自由民権運動であった。それゆえに、「板垣死すとも自由は死せず」の名言とともに、板垣は自由民権運動における伝説の英雄として語り継がれてきたのである。

あとがき

板垣退助、誰もが名前を知っていながら、意外にその事績は知られていない人物ではないだろうか。征韓論での下野、自由民権運動、初期議会における自由党総理など、個別の事績は浮かぶかもしれない。だが、それらを統一的に理解・説明するのは難しい。

本書は、板垣の伝記として郷土史家の平尾道雄による『無形板垣退助』(一九七四年)以来、ほぼ半世紀ぶりであり、最新の研究や近年発見された史料を参照し描いた。

さらに本書の特徴をあえて述べれば、以下の三点であろう。

第一に、板垣の人生を五つの局面に整理し、その変化を中心に叙述したことである。

第二に、板垣自らが関わった『自由党史』や『板垣退助君伝』などで伝説化されている板垣の事績について当時の史料から再検討し、実像を明らかにしたことである。

たとえば『自由党史』では、板垣が戊辰戦争から自由民権運動まで首尾一貫したように描かれている。実際は戊辰戦争、土佐藩の藩政改革、明治六年政変・明治八年政変、西南戦争と、状況の変化を受けて、自由民権運動に至っている。また、広く知られる「板垣死すとも自由は死せず」の発言についても、その真偽から成立過程や政治的背景を明らかにした。

第三に、板垣の政治活動について、その個性や周囲の人物に力点を置いて迫ったことである。板垣の政治的能力は大久保や伊藤、大隈に遠く及ばなかった。にもかかわらず、板垣が明治維新後、三〇年以上にわたり政治生命を失わなかったのはなぜか。

それは板垣が在野の逆境に耐えうる性格の政治家であり、絶えず人生での変化を厭わなかったためである。民権運動の指導者から政党政治家への飛躍もその一例であろう。また、板垣は積極的に周囲の人間を登用し、彼らの政治力・人格・知識などを結集し協力を得てきた。板垣を支えたのは、土佐派の片岡健吉、林有造、栗原亮一、植木枝盛や河野広中、杉田定一、内藤魯一あるいは星亨らである。彼らなくして、自由民権運動の指導者板垣退助は成立しなかったであろう。

筆者は卒論の研究テーマに、自由党土佐派を選んだ。それは、いわゆる「土佐派の裏切り」の中心とされる板垣への単純な興味・関心だった。なぜ、板垣ら土佐派は「裏切った」とされるのか。一九九九年夏、ホンダの250ccバイクに乗って高知へ向かったのが、板垣と自由党土佐派に関する研究のスタートであった。

それから二〇年近くの年月が過ぎた。筆者の手帳によると、二〇一七年一一月二八日に研究室で中央公論新社の白戸直人氏から、板垣退助を中公新書でまとめてみないかというお話をいただいた。数多くの名著を刊行してきた中公新書は筆者にとってなじみ深いものであり、これ以上のお話はなかったように思う。ただし、白戸氏から「大学一年生が辞書なしで読める伝記にしていただきたい」というご要望を受けたとき、これは少し難しいかもしれないという予感はあった。板垣退助は八三年にわたる一人五生の人生を生きた人物だからである。

楽天的な筆者の見通しは甘く、板垣の伝記をわかりやすく端的に書くことがいかに難しいか、執筆後、すぐに痛感した。まず、幕末維新期の事績に不明な点が多く、史料も限られていたため、執筆は最初から行き詰まった。そして、板垣の八三年の人生すべてを描くには新書の紙幅では収まりきらないという当然の事実にあらためて気づいた。そのため、板垣の人生で捨てざるを得なかったエピソードや事績は本書では数知れない。それらは、本書で引用し、参考文献で挙げた優れた専門書や論文をあらためてご覧いただきたい。

二〇一八年一〇月、筆者は板垣と自由党土佐派に関する専門書を刊行した。その後、すぐに本書に取りかかるはずであった。だが、板垣の没後一〇〇年の二〇一九年を過ぎ、二〇二〇年一一月まで刊行が遅れたのは、ひとえに筆者の浅学と多忙のためである。

それでも本書を書き上げることができたのは、辣腕の編集者白戸直人氏の激励と助言によるところが大きい。校務や私事で多忙のなか、執筆の最終段階ではコロナ禍のため、オンライン授業の準備に追われ、現地で史料を確認できない苦境が続いた。それでも板垣の伝記を脱稿することができたのは、白戸氏の存在なくしてはあり得ないことであった。

本書は、刊行に至るまで多くの方々にお世話になった。

山崎有恒、田浦雅徳先生には、土佐派に関する拙い卒論を懇切丁寧にご指導いただいた。羽賀祥二先生には大学院生時代に、幕末土佐藩の動向と吉田東洋について、講義のなかでさまざまなご教示を賜った。高知市立自由民権記念館では、松岡僖一、筒井秀一、公文豪の各先生や澤村美乃氏から惜しみないご支援とご助言をいただいた。特に、公文先生には刊行された『板垣退助君伝記』だけでなく、現在刊行中の『板垣退助伝記資料集』の史料についてもご教示を賜った。高知県立高知城歴史博物館では、横山和弘、髙木翔太氏から史料に関するご支援をいただいた。こうして、高知を中心に集めた史料がなければ、本書は存在しなかったと痛感する。

また、激化事件研究会の安在邦夫、高島千代、田﨑公司、横山真一の各先生には、研究会を通じて貴重なご助言を賜った。河西秀哉、小山俊樹、田澤晴子、内藤一成、長屋隆幸、松崎稔、真辺美佐、吉田武弘の各氏には研究会など、さまざまな場所でご助言をいただいた。あらためて御礼を申し上げたい。

さらには、国立国会図書館、オーテピア高知図書館、高知市立自由民権記念館、町田市立自由民権資料館、佐川町立青山文庫、知立市歴史民俗資料館、名古屋大学附属図書館、東京大学大学院法学政治学研究科附属近代日本法政史料センター明治新聞雑誌文庫・原資料部には、資料閲覧に際して、大変お世話になった。その他にも、ご協力を賜った方々に、この場を借りて厚く御礼を申し上げたい。

現在の職場である中京大学の教員各位には、諸事お世話になっている。中京大学で近代史特論を受講した学生諸君には、関ヶ原合戦から幕末土佐藩を経由して、伝説に彩られた板垣退助の講義を聴講してもらった。まとまりのない話もあったと思うが、彼らから受けたコメントペーパーや感想は本書にも生きている。

本書刊行を誰よりも楽しみにしていたのは、二〇一八年八月に亡くなった母裕美子と、二〇一九年一月に亡くなった祖父忠安であった。二人とともに私を温かく見守ってくれた家族全員に本書を捧げたい。

二〇二〇年八月一二日

名古屋・八事の杜にて

中元崇智

主要参考文献

○公刊史料

家近良樹・飯塚一幸編『杉田定一関係文書史料集』一、二巻（大阪経済大学日本経済史研究所、二〇一〇・一三年）

家永三郎ほか編『植木枝盛集』一〜一〇巻（岩波書店、一九九〇〜九一年）

板垣退助「維新前後経歴談」（維新史料編纂会『第四回講演速記録』、一九一二年）

板垣退助監修、宇田友猪・和田三郎編纂『自由党史』上下（五車楼、一九一〇年）

板垣守正編『板垣退助全集』（原書房、一九六九年復刻）

井出孫六・我部政男・比屋根照夫・安在邦夫編『自由民権機密探偵史料集』（三一書房、一九八一年）

伊藤博文関係文書研究会編『伊藤博文関係文書』一〜九（塙書房、一九七三〜八一年）

井上毅伝記編纂委員会編『井上毅伝』史料編四（國學院大學図書館、一九七一年）

大川信義編『大西郷全集』二巻（大西郷全集刊行会、一九二七年）

大町桂月『伯爵後藤象二郎』（冨山房、一九一四年）

宮内庁『明治天皇紀』第六〜第一二（吉川弘文館、一九七一〜七五年）

栗原亮一・宇田友猪編纂『板垣退助君伝』第一巻（自由新聞社、一八九三年）

河野磐州伝編纂会編『河野磐州伝』上・下巻（河野磐州伝刊行会、一九二三年）

河野裕『聞き書 明治生まれの土佐』（金高堂書店、一九八六年）

国家学会編輯・発行『明治憲政経済史論』（一九一九年）

雑賀博愛編『杉田鶉山翁』（鶉山会、一九二八年）

酒井忠康・清水勲編『日清戦争期の漫画』近代漫画Ⅲ（筑摩書房、一九八五年）

坂崎斌『林有造氏旧夢談』（嵩山堂、一八九一年）

春畝公追頌会編集・発行『伊藤博文伝』中巻（一九四〇年）

杉山伸也・川崎勝編『馬場辰猪―日記と遺稿』（慶應義塾大学出版会、二〇一五年）

滄溟・宇田友猪著・公文豪校訂・安在邦夫解説『板垣退助君伝記』一〜四巻（原書房、二〇〇九〜一〇年）

知立市歴史民俗資料館編『内藤魯一自由民権運動資料集』（知立市教育委員会、二〇〇〇年）

『帝国議会衆議院議事速記録　明治二五年』五（東京大学出版会、一九七九年）

東京大学史料編纂所編『保古飛呂比　佐佐木高行日記』一〜一二（東京大学出版会、一九七〇〜七九年）

中田蕭村編『幕末実戦史』（東京大学出版会覆刻、一九八一年）

中村寂静「宇都宮厳亮師之事歴」（史談会編『史談会速記録』

合本三三（原書房、一九七四年復刻）
西田長壽他編『馬場辰猪全集』三巻（岩波書店、一九八八年）
日本史籍協会編『大久保利通日記』二（東京大学出版会覆刻、一九六九年）
日本史籍協会編『大久保利通文書』一（東京大学出版会覆刻、一九六七年）
日本史籍協会編『木戸孝允日記』一、三（東京大学出版会覆刻、一九九六年）
日本史籍協会編『木戸孝允文書』五、六（東京大学出版会覆刻、二〇〇三年）
日本史籍協会編『武市瑞山関係文書』一（東京大学出版会覆刻、一九七二年）
日本史籍協会編『谷干城遺稿』一〜四（東京大学出版会覆刻、一九七五〜七六年）
日本史籍協会編『中山忠能履歴資料』四（東京大学出版会覆刻、一九七三年）
日本史籍協会編『百官履歴』一（北泉社、一九九七年）
日本史籍協会編『吉田東洋遺稿』（東京大学出版会覆刻、一九七四年）
野沢鷄一著、川崎勝・広瀬順晧校注『星亨とその時代』1・2（平凡社、一九八四年）
野島幾太郎著、林基・遠藤鎮雄編『加波山事件』（平凡社、一九六六年）
林英夫編『土佐藩戊辰戦争資料集成』（高知市民図書館、二〇〇〇年）
林有造『林有造自歴談』上下（土佐群書集成一五巻、高知市民図書館、一九六八年）
原奎一郎編『原敬日記』一〜三巻（福村出版、一九六五年）
平尾道雄編『土佐維新史料』書翰篇一〜三（高知市民図書館、一九九二〜九七年）
堀口修・西川誠監修・編『公刊明治天皇御紀編修委員会史料　末松子爵家所蔵文書』上下巻（ゆまに書房、二〇〇三年）
町田市立自由民権資料館編『武相自由民権史料集』二巻（町田市教育委員会、二〇〇七年）
松尾尊兊他編『吉野作造選集』14（岩波書店、一九九六年）
横田達雄編『寺村左膳道成日記』一〜三（県立青山文庫後援会、一九七八〜八〇年）
立志社創立百年記念出版委員会編『片岡健吉日記』（高知市民図書館、一九七四年）

○未公刊史料

板垣退助「東北周遊の趣意及び将来の目的」（福井淳『雄弁大家演説集』〔忠雅堂、一八八七年〕所収）
板垣退助「宗教進化論序」（一八八六年）
岩田徳義「板垣君岐阜遭難記録」（『文明之利器』四〜七、九号、一八九三〜九四年）
岩田寛和編輯・出版『板垣君兇変—岐阜の夜嵐』（一八八二年）
小河義郎編『板垣伯之意見』（遵法社、一八九〇年）
高知城歴史博物館所蔵『御侍中先祖書系図牒』
高知市立自由民権記念館所蔵「片岡健吉氏の談話　佐賀事変談」、「片岡家資料」
国立国会図書館憲政資料室所蔵、板垣退助口述、土居光華筆記『自由党の尊王論』（「憲政史編纂会収集文書」）、「伊藤博文関係文書」（その1）書類の部、「伊東巳代治関係文書」、「井上馨関係文書」、「岩倉具視関係文書」、大江卓・竹内綱「意見書」(「大江卓関係文書」)、「河野広中関係文書」、「憲政資料室収集文書」中の「議員総会録事」、「三条家文書」、「龍野周一郎関係文書」、「古沢滋関係文書」、「牧野伸顕関係文書」中の「土佐国民情一斑」、「三島通庸関係文書」、「吉井友実関係文書」

竹井駒郎『栗原亮一君小伝』(三重日報社、一八九〇年)

藤井麗輔編『岐阜凶報板垣君遭難顛末』(巌々堂、一八八二年)

藤吉留吉編『自由党総理板垣君遭難詳録』(一八八二年)

星野清作「日光山社殿の保全と板垣退助」(『下野史談』一六巻六号、一九三七年)

遊佐発編輯、白井菊也校閲『板垣君口演征韓民権論 勇退雪冤録』(石版舎、一八八二年)

佐川町立青山文庫所蔵「板垣退助東北遊説随行員遺墨巻」

東京大学大学院法学政治学研究科附属近代日本法政史料センター原資料部所蔵「中山寛六郎関係文書」

早稲田大学図書館所蔵「宮島誠一郎日記」(『宮島誠一郎関係文書』)

吉野作造記念館所蔵「吉野作造旧蔵史料」

○新聞・雑誌(国立国会図書館、東京大学大学院法学政治学研究科附属明治新聞雑誌文庫所蔵)

『愛岐日報』、『愛知新聞』、『大阪朝日新聞』、『大阪日報』、『自由新聞』、『新愛知』、『東京朝日新聞』、『東京日日新聞』、『東京横浜毎日新聞』、『朝野新聞』、『土陽新聞』、『豊橋日日新聞』、『日刊人民』、『日新真事誌』、『日本立憲政党新聞』、『福島民報』、『万朝報』、『国会』、『社会政策』、『自由』、『団団珍聞』、『友愛』

○党　報

『憲政党党報』、『自由党党報』、『政友』

○研究書

秋澤繁・荻慎一郎編『土佐と南海道』(吉川弘文館、二〇〇六年)

有泉貞夫『星亨』(朝日新聞社、一九八三年)

安在邦夫『自由民権運動史への招待』(吉田書店、二〇一二年)

飯塚一幸『日本近代の歴史3 日清・日露戦争と帝国日本』(吉川弘文館、二〇一六年)

飯塚一幸『明治期の地方制度と名望家』(吉川弘文館、二〇一七年)

家近良樹『西郷隆盛と幕末維新の政局―体調不良問題から見た薩長同盟・征韓論政変』(ミネルヴァ書房、二〇一一年)

家近良樹『ある豪農一家の近代―幕末・明治・大正を生きた杉田家』(講談社、二〇一五年)

伊藤之雄『立憲国家の確立と伊藤博文―内政と外交一八八九～一八九八』(吉川弘文館、一九九九年)

伊藤之雄『大隈重信―「巨人」が夢見たもの』上(中公新書、二〇一九年)

稲田雅洋『総選挙はこのようにして始まった―第一回衆議院議員選挙の真実』(有志舎、二〇一八年)

稲吉晃『海港の政治史―明治から戦後へ』(名古屋大学出版会、二〇一四年)

大庭裕介『江藤新平―尊王攘夷でめざした近代国家の樹立』

（戎光祥出版、二〇一八年）
小川原正道『西南戦争と自由民権』（慶應義塾大学出版会、二〇一七年）
尾佐竹猛『明治秘史疑獄難獄』（一元社、一九二九年）
大日方純夫『日本近代の歴史2「主権国家」成立の内と外』（吉川弘文館、二〇一六年）
小股憲明『明治期における不敬事件の研究』（思文閣出版、二〇一〇年）
勝田政治『大久保利通と東アジア―国家構想と外交戦略』（吉川弘文館、二〇一六年）
苅宿俊風『自由民権家乃記録―祖父苅宿仲衛と同志にさゝぐ』（大盛堂印刷出版部、一九七六年）
川口暁弘『明治憲法欽定史』（北海道大学出版会、二〇〇七年）
川人貞史『日本の政党政治1890―1937年―議会分析と選挙の数量分析』（東京大学出版会、一九九二年）
久保田哲『帝国議会―西洋の衝撃から誕生までの格闘』（中公新書、二〇一八年）
公文豪『史跡ガイド　土佐の自由民権』（高知新聞社、二〇一三年）
公益財団法人土佐山内家宝物資料館編『山内容堂 企画展図録』（土佐山内家宝物資料館、二〇一〇年）
高知県人名事典編集委員会編『高知県人名事典』（高知市民図書館、一九七一年）
高知市立自由民権記念館編『板垣退助―板垣死すとも自由は死せず 解説図録』（高知市立自由民権記念館、一九九四年）
高知市立自由民権記念館編『板垣退助ブック―言論で国を動かそうとした男 解説図録』（高知市立自由民権記念館、二〇一八年）
後藤靖『士族反乱の研究』（青木書店、一九六七年）
小林和幸『明治立憲政治と貴族院』（吉川弘文館、二〇〇二年）
小林和幸『谷干城―憂国の明治人』（中公新書、二〇一一年）
小宮一夫『条約改正と国内政治』（吉川弘文館、二〇〇一年）
坂本一登『伊藤博文と明治国家形成―「宮中」の制度化と立憲制の導入』（吉川弘文館、一九九一年）
佐々木隆『藩閥政府と立憲政治』（吉川弘文館、一九九二年）
佐々木雄一『陸奥宗光―「日本外交の祖」の生涯』（中公新書、二〇一八年）
篠原一『ヨーロッパの政治―歴史政治学試論』（東京大学出版会、一九八六年）
柴田宜久『明治維新と日光―戊辰戦争そして日光県の誕生』（随想舎、二〇〇五年）
清水唯一朗『政党と官僚の近代―日本における立憲統治構造の相克』（藤原書店、二〇〇七年）
末木孝典『選挙干渉と立憲政治』（慶應義塾大学出版会、二〇一八年）
鈴木祥二『幕末維新期の政治改革と「民政学」―『海南政典』と『芸藩通志』の分析』（平成一〇年度～平成一二年度科学研究費補助金基盤研究（C）（2）研究成果報告書、二〇〇一年）
外崎光広『土佐自由民権運動史』（高知市文化振興事業団、一九九二年）
寺崎修『明治自由党の研究』上巻（慶應通信、一九八七年）
土佐山内家宝物資料館編集・発行『山内容堂』（二〇一〇年）
内藤一成『三条実美―維新政権の「有徳の為政者」』（中公新書、

二〇一九年）
長井純市『河野広中』（吉川弘文館、二〇〇九年）
中元崇智『明治期の立憲政治と政党―自由党系の国家構想と党史編纂』（吉川弘文館、二〇一八年）
原田敬一『帝国議会誕生』（文英堂、二〇〇六年）
坂野潤治『明治憲法体制の確立―富国強兵と民力休養』（東京大学出版会、一九七一年）
平尾道雄『吉田東洋』（吉川弘文館、一九五九年）
平尾道雄『土佐藩』（吉川弘文館、一九六五年）
平尾道雄『無形板垣退助』（高知新聞社、一九七四年）
保谷徹『戊辰戦争』（吉川弘文館、二〇〇七年）
升味準之輔『日本政党史論』1・2（東京大学出版会、一九六六年）
松尾正人『木戸孝允』（吉川弘文館、二〇〇七年）
松岡僖一『「自由新聞」を読む―自由党にとっての自由民権運動』（ユニテ、一九九二年）
松沢裕作『自由民権運動―〈デモクラシー〉の夢と挫折』（岩波新書、二〇一六年）
真辺将之『大隈重信―民意と統治の相克』（中公叢書、二〇一七年）
宗光清『江藤新平らの土佐潜行』（高知印刷株式会社、一九七一年）
米原謙『植木枝盛―民権青年の自我表現』（中公新書、一九九二年）
渡部淳『検証・山内一豊伝説―「内助の功」と「大出世」の虚実』（講談社現代新書、二〇〇五年）

○研究論文
秋澤繁「豊臣政権下の大名石高について―長曽我部氏石高考」（『海南史学』一二・一三号、一九七五年）
安在邦夫「『三大事件建白運動』について」（土佐自由民権研究会編『自由は土佐の山間より―自由民権百年第三回全国集会』〔三省堂、一九八九年〕所収）
江村栄一「自由党史研究のために―自由党本部報道書の紹介をかねて」（神奈川県県民部県史編集室『神奈川県史』各論編1 政治・行政〔一九八三年、神奈川県〕）
岡本真希子「植民地在住者の政治参加をめぐる相剋―「台湾同化会」事件を中心として」（『社会科学』四〇巻三号、二〇一〇年）
尾佐竹猛「政党史の一節」（明治大学史資料センター監修『尾佐竹猛著作集』二三巻〔ゆまに書房、二〇〇六年〕）
大日方純夫「立憲帝政党の結党をめぐる基礎的考察」（『日本史研究』二四〇号、一九八二年）
吉良芳恵「横浜埋立事件の一考察―都市の利権と政党」（『史艸』四五号、二〇〇四年）
公文豪「板垣退助の好物」（『土佐史談』二六七号、二〇一八年）
公文豪「国技館の誕生」（『土佐史談』二六九号、二〇一八年）
小玉正任「そのとき板垣は何と言ったか」（『北の丸』二七号、一九九五年）
小宮一夫「板垣退助」（筒井清忠編『明治史講義』人物篇〔ちくま新書、二〇一八年〕）
佐々木隆「自由党『党報』告発問題をめぐって」（『新聞学評論』三四号、一九八五年）

佐々木隆「黒田清隆の板垣復権工作」(『日本歴史』六一二号、一九九九年)
清水唯一朗「隈板内閣下の総選挙—与党内の候補者調整を中心に」(『選挙研究』一八、二〇〇三年)
杉山伸也「自由党への期待と現実」(杉山伸也・川崎勝編『馬場辰猪—日記と遺稿』〔慶應義塾大学出版会、二〇一五年〕)
杉山剛「奥宮慥斎と『人民平均の理』」(『社学研論集』一〇、二〇〇七年)
関野昭一「板垣退助のハーグ平和会議宛意見書について」(『國學院法学』四七巻四号、二〇一〇年)
髙木翔太「『人民平均の理』—形成過程と評価の再考」(『高知市立自由民権記念館紀要』二四、二〇一九年)
髙木翔太「西南戦争における山内家の動向—高知県内の情報収集と鎮静への対応」(『高知県立高知城歴史博物館研究紀要』二号、二〇一九年)
高島千代「激化事件研究の現状と課題」(高島千代・田﨑公司『自由民権〈激化〉の時代—運動・地域・語り』〔日本経済評論社、二〇一四年〕所収)
高野信治「『士族反乱』の語り—近代国家と郷土の中の『武士』像」(『九州史学』一四九号、二〇〇八年)
田中由貴乃「板垣洋行問題と新聞論争」(『佛教大学大学院紀要　文学研究科篇』四〇号、二〇一二年)
田村安興「日露戦後経営と初期社会政策—第二次桂内閣による地方改良運動と板垣派社会改良運動の役割」(『高知論叢　社会科学』三四号、一九八九年)
筒井秀一「板垣会所蔵資料紹介」(『高知市立自由民権記念館紀要』四号、一九九五年)
寺崎修「明治十七年・加波山事件の附帯犯について」(手塚豊編著『近代日本史の新研究』Ⅷ〔北樹出版、一九九〇年〕所収)
寺崎修「保安条例の施行状況について」(手塚豊編著『近代日本史の新研究』Ⅸ〔北樹出版、一九九一年〕所収)
遠山茂樹「解説」(板垣退助監修、遠山茂樹・佐藤誠朗校訂『自由党史』下巻〔岩波文庫、一九五八年〕所収)
鳥海靖「初期議会における自由党の構造と機能」(『歴史学研究』二五五号、一九六一年)
中元崇智「板垣退助と戊辰戦争・自由民権運動」(『歴史評論』八一二号、二〇一七年)
長屋隆幸「土佐藩山内家の知行高についての一試論」(『十六世紀史論叢』一〇号、二〇一八年)
平井良朋「板垣退助欧遊費の出資者に就いて」(『日本歴史』二三八号、一九六八年)
福井淳「板垣退助岐阜遭難事件に対する諸政治勢力の対応—自由党と明治天皇・政府とを主軸として」(『書陵部紀要』四九号、一九九七年)
彭澤周「板垣退助の外遊費の出所について」(『日本史研究』七五号、一九六四年)
松沢裕作「戊辰戦争の歴史叙述」(奈倉哲三・保谷徹・箱石大編『戊辰戦争の新視点』上　世界・政治〔吉川弘文館、二〇一八年〕所収)
真辺将之「老年期の板垣退助と大隈重信—政治姿勢の変化と持続」(『日本歴史』七七六号、二〇一三年)
真辺将之「明治一四年の政変」(小林和幸編『明治史講義テーマ篇』〔ちくま新書、二〇一八年〕所収)

真辺美佐「大同団結運動末期における愛国公党結成の論理」（安在邦夫・真辺将之・荒船俊太郎編著『近代日本の政党と社会』〔日本経済評論社、二〇〇九年〕所収）
真辺美佐「民権派とヨーロッパの邂逅―自由党総理板垣退助の洋行体験と政党認識」（小風秀雅・季武嘉也編『グローバル化のなかの近代日本―基軸と展開』〔有志舎、二〇一五年〕所収）
真辺美佐「初期議会期における板垣退助の政党論と政党指導」（『日本史研究』六四二号、二〇一六年）
村瀬信一「第一議会と自由党―『土佐派の裏切り』考」（『史学雑誌』九五編二号、一九八六年）
村瀬信一「明治二六年九月の自由党九州遊説」（『日本歴史』六四五号、二〇〇二年）
森山誠一「愛国社創立大会（明治8年2月・大阪）の出席者について―『自由党史』の誤述」（『金沢経済大学論集』二一巻二・三合併号、一九八七年）
森山誠一「国会期成同盟第二回大会前後における板垣退助の言動―自由党結成過程における土佐派の役割再検討の一端」（『歴史科学』一一二号、一九八八年）
横山真一「後藤象二郎の地方遊説」（土佐自由民権研究会編『自由は土佐の山間より―自由民権百年第三回全国集会』〔三省堂、一九八九年〕所収）
吉田武弘「貴衆両院関係の出発―議会制度導入過程における二院制論の展開」（『ヒストリア』二七七号、二〇一九年）

◎主要図版出典一覧

国立国会図書館　七、七九中、九〇、一〇八、一一八、一三一、二〇七頁
国会図書館憲政資料室「龍野周一郎関係文書」　二二六頁上
高知市立自由民権記念館寄託　一一七頁
知立市歴史民俗資料館寄託　二一一頁
酒井忠康・清水勲編『日清戦争期の漫画』（一九八五年、筑摩書房）　一八四、一九四頁

付録　主要政党の系譜（明治初期〜中期）

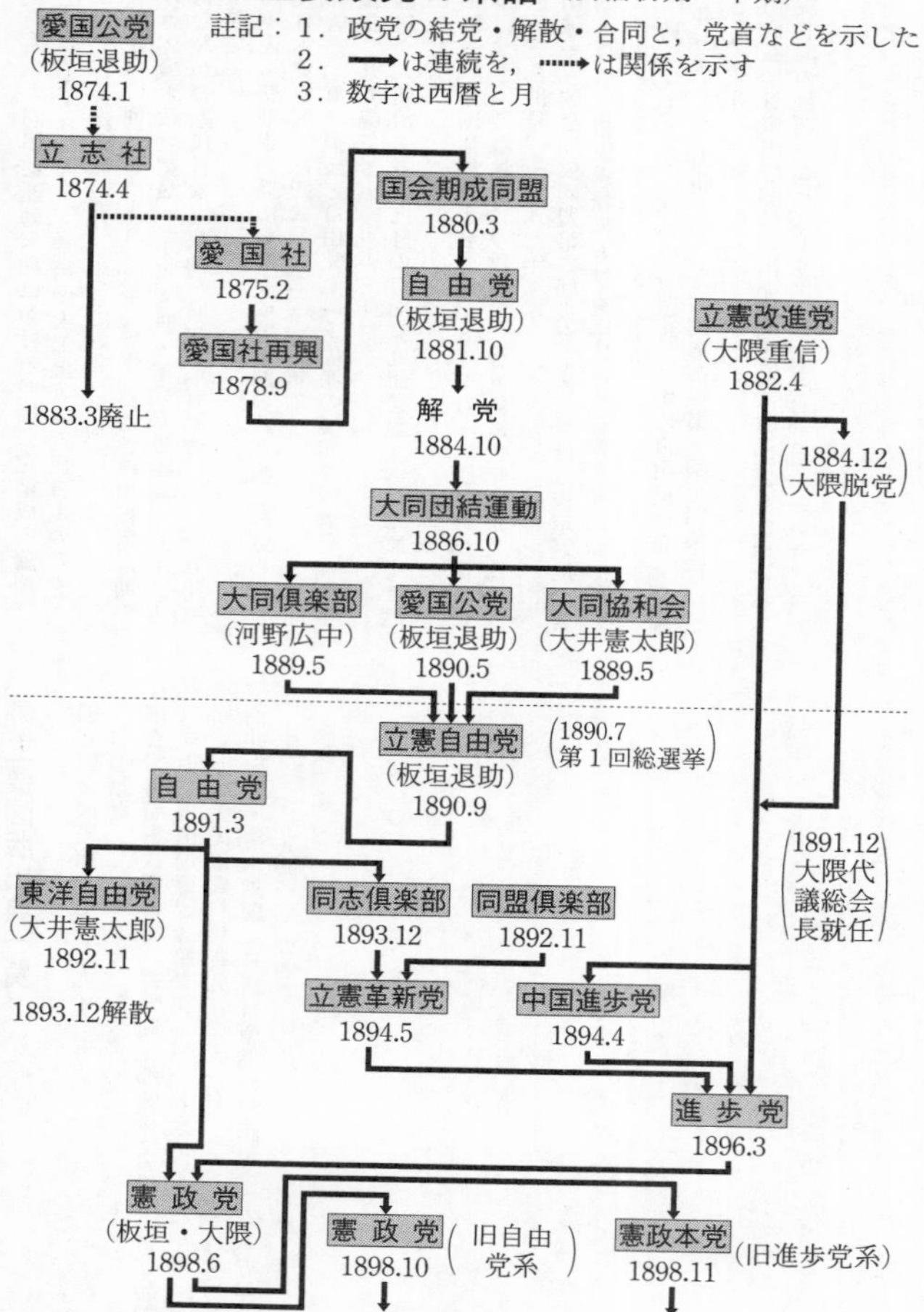

出典：『週刊朝日百科91　日本の歴史　近代Ⅰ－①　自由・民権・国権』改訂（朝日新聞社，2004年）を基に筆者作成

板垣退助年譜

註記：一八七二（明治五）年一二月三日までの月日は旧暦による

西暦（元号）	年齢	事歴	関連事項
一八三七（天保八）	1	4月17日高知城下中島町の屋敷に、父乾栄六正成、母幸の嫡男として誕生	
一八四八（嘉永元）	12		12月山内豊信（容堂）土佐藩主に就任
一八四九（嘉永二）	13	9月17日母幸が死去	
一八五二（嘉永五）	16	12月同輩の者に「狼藉同様」の行いをしたとして、自宅謹慎の処分を下される	
一八五三（嘉永六）	17		6月3日ペリー来航
一八五四（安政元）	18	12月28日江戸勤番を命じられる	3月3日日米和親条約調印
一八五六（安政三）	20	自宅で同輩に「不作法」の挙動があったとして、8月8日惣領職を剥奪	
一八五八（安政五）	22		1月17日吉田東洋参政に再任。9月7日安政の大獄開始
一八五九（安政六）	23	板垣の処罰が解かれ、5月23日に城下への帰住が認められる。7月18日「不作法」の挙動あり	2月26日山内豊信隠居
一八六〇（万延元）	24	閏3月10日父正成が死去。6月18日長女兵誕生。6月26日父正成の跡目知行のうち、二二〇石を相続。	3月3日桜田門外の変

年	年齢	事項	関連事項
		8月12日免奉行加役、9月30日免奉行	
一八六一（文久元）	25	10月25日江戸御留守居御内用役	8月「土佐勤王党」結成
一八六二（文久二）	26	12月23日御隠居様御側御用役、近習目付兼帯	4月8日吉田東洋暗殺、8月文久の幕政改革
一八六三（文久三）	27	1月10日山内容堂に随行して海路江戸を出発。1月25日京都に到着、4月12日高知へ帰藩。4月26日御隠居様御側御用役および兼帯職を免職される。9月21日御隠居様御側御用役、10月4日御馬廻組頭に転任	5月10日長州藩が下関で米国船を砲撃。7月2日薩英戦争。8月18日八月一八日の政変。9月21日武市半平太ら捕縛（土佐勤王党への弾圧開始）
一八六四（元治元）	28	7月24日町奉行、8月11日大目付を兼帯。12月5日二女軍誕生	6月5日池田屋事件。7月19日禁門の変。7月24日幕府西国諸藩へ出兵命令（第一次長州征討開始）。8月5日長州藩下関で四ヵ国連合艦隊と交戦
一八六五（慶応元）	29	1月14日大目付・軍備御用兼帯を免職 5月13日学問・騎兵修行のため江戸へ出発	閏5月11日武市半平太自刃
一八六六（慶応二）	30		1月21日長州藩桂小五郎と薩摩藩西郷吉之助が会見（薩長盟約）。6月7日第二次長州征討開始。7月20日徳川家茂死去。12月5日徳川慶喜、征夷大将軍に就任。12月25日孝明天皇逝去
一八六七（慶応三）	31	5月21日中岡慎太郎の仲介で西郷吉之助らと会談。5月22日山内容堂に諫言し、浪士隠匿の事実を報告。6月13日大目付・軍備御用兼帯、仕置格。7月24日仕置役、軍備御用兼帯藩校致道館掛兼帯。8月20日	1月9日明治天皇践祚。5月14日四侯会議開催。8月20日土佐藩が後藤象二郎の提案した大政奉還で藩論を一致。10月14日一五代将軍徳川慶喜は朝廷に大政奉還。12月9

		アメリカ出張の内命。9月29日歩兵大隊司令、10月19日仕置役その他兼帯職を免職	日王政復古の大号令
一八六八（明治元）	32	1月8日迅衝隊大隊司令兼仕置格。1月13日高知を出発。1月28日に京都に入る。2月9日東山道先鋒総督府参謀、迅衝隊総督を兼任。2月14日京都出発。2月18日美濃国大垣に到着、この頃「板垣」姓に改姓。3月5日甲府城を接収。3月6日近藤勇率いる旧幕府軍甲陽鎮撫隊を勝沼の戦いで撃破。3月14日江戸に入る。4月18日江戸を出陣。閏4月1日前後、日光に進駐。5月15日長男鉾太郎誕生。8月23日会津若松城下に突入。9月22日会津藩降伏。10月19日東京に凱旋。11月5日高知に凱旋、11月23日土佐藩陸軍総督、家老格	1月3・4日鳥羽伏見の戦い（戊辰戦争開始）。3月14日五箇条の御誓文。4月11日江戸開城。5月15日上野戦争。7月17日江戸を東京と改称。9月8日明治に改元
一八六九（明治二）	33	1月5日藩主豊範に随い上京。5月13日公選で参与に任命。6月2日永世禄一〇〇〇石を下賜される。10月25日高知藩権大参事・軍務局大幹事を兼任	5月18日箱館五稜郭の榎本武揚降伏（戊辰戦争終結）。6月17日版籍奉還
一八七〇（明治三）	34	8月14日高知藩よりヨーロッパへの派遣命令（8月27日辞退）。9月28日後藤象二郎とともに谷干城の緊縮財政案を否定。10月19日高知藩大参事。11月7日高知藩知事山内豊範の名義で藩政改革に関する伺書（「人民平均の理」）を明治政府に提出。12月24日七ヵ条の改革令を布告、旧来の士族の特権・格式の規定を廃止	9月10日明治政府が「藩制」を制定。8月1日谷干城が「財政改革意見一八ヶ条」を提出。11月3日谷干城高知藩少参事罷免

一八七一（明治四）	35	1月19日西郷隆盛・木戸孝允・大久保利通と旧開成館で会談。2月8日大久保・西郷・木戸とともに御親兵の献上を建言。7月14日参議	2月13日朝廷から薩長土三藩に御親兵献上の命令が下る。7月14日廃藩置県。11月12日岩倉使節団が横浜を出航
一八七二（明治五）	36	9月16日三女猿誕生	6月21日山内容堂死去。11月9日太陽暦採用の詔。11月28日徴兵の詔
一八七三（明治六）	37	8月17日閣議で西郷隆盛の朝鮮派遣が内定。10月15日の閣議で西郷派遣を決定。10月24日板垣・後藤象二郎・江藤新平・副島種臣四参議が辞表を提出	9月13日全権大使岩倉具視が帰国。10月18日太政大臣三条実美が発病、19日に右大臣岩倉具視が太政大臣摂行となることが閣議決定（20日就任）。10月23日岩倉が閣議の顚末と自らの意見を明治天皇に奏上、西郷隆盛辞任。10月24日朝鮮への使節派遣を無期延期とする（明治六年政変）
一八七四（明治七）	38	1月12日愛国公党を結成。1月17日「民撰議院設立建白書」を左院に提出。1月18日「民撰議院設立建白書」が『日新真事誌』に掲載。4月10日立志社を創立。8月15日立志社が「寸志兵願の事」を高知県庁に提出。10月三条実美より日清開戦の場合は協力を依頼する密書が来る	1月14日岩倉具視襲撃され、負傷。2月1日佐賀の乱。2月6日台湾出兵が閣議決定
一八七五（明治八）	39	2月11日大久保利通・木戸孝允らと大阪で会談（大阪会議）。2月22日大阪で「愛国社合議書」を発表。3月12日参議に復帰。3月17日政体取調御用に就任。10月12日明治天皇に内閣諸省分離を奏上。10月27日免官	4月14日漸次立憲政体樹立の詔。9月20日江華島事件

年	年齢	事項	一般事項
一八七六（明治九）	40		3月28日廃刀令。10月24日神風連の乱。10月27日秋月の乱。10月28日萩の乱
一八七七（明治一〇）	41	2月14日東京を出発、高知へ向かう。4月26日立志社が護郷兵結成を高知県庁に請願、却下される。6月9日立志社社長片岡健吉が明治天皇に「立志社建白書」を奉呈（12日受理を拒否）。8月25日立志社の機関誌『海南新誌』・『土陽雑誌』が発刊	2月15日西郷隆盛ら薩軍が鹿児島を進発（西南戦争）。2月22日に薩軍は熊本城の攻撃を開始。5月26日木戸孝允死去。9月24日西郷隆盛自刃
一八七八（明治一一）	42	4月28日愛国社再興遊説のため栗原亮一・植木枝盛・杉田定一・安岡道太郎が出発。8月20日、21日西郷軍に呼応しようとした高知県人および関係者に判決下る（高知の大獄）。9月11日愛国社再興大会が大阪で開会、27日に板垣も大阪に到着し、参加	5月14日大久保利通暗殺
一八七九（明治一二）	43		3月27日愛国社第二回大会が開催。11月7日愛国社第三回大会が開催
一八八〇（明治一三）	44	9月19日高知を出発。10月13日東京の上野精養軒で嚶鳴社による懇親会に参加。11月25日甲府瑞泉寺の懇親会で演説。12月8日に大阪の有志懇親会で演説、12日高知に到着	3月15日大阪で愛国社主唱の国会開設願望者有志大会が開催。愛国社とは別に国会期成同盟を結成。4月17日片岡健吉・河野広中が「国会を開設する允可を上願する書」を提出、太政官・元老院とも受理せず
一八八一（明治一四）	45	8月26日板垣一行が東北遊説のため高知を出発。9月11日大阪中之島自由亭の懇親会で演説。9月23日東京上野精養軒における懇親会に参加。9月26日板垣一行が東京を出発、埼玉・群馬・新潟・福島・宮	7月26日『東京横浜毎日新聞』が開拓使官有物払下げを批判する社説を掲載。10月11日参議大隈重信罷免、開拓使官有物払下げの中止が決定（明治一四年の政変）。10月

		城などを遊説。10月29日自由党結成、自由党総理に推される。11月8日東北遊説から帰京。11月9日総理就任を受諾	12日国会開設の勅諭
一八八二（明治一五）	46	3月10日板垣一行が東海道遊説のため東京を出発。4月6日岐阜中教院の懇親会終了後、相原尚褧に襲撃され、名言を吐露する。5月5日『東京日日新聞』社説欄に「名実の弁」が掲載される。6月25日『自由新聞』創刊、社長となる。9月30日馬場辰猪常議員辞任、10月2日自由新聞社を退社。11月11日板垣一行が外遊に出発。12月22日マルセイユに上陸、27日パリに到着	3月14日参議伊藤博文憲法調査のため欧州に出発。3月18日立憲帝政党結成。4月16日立憲改進党結党式。6月3日改正集会条例。7月23日壬午事変。12月1日河野広中ら政府転覆容疑で逮捕（福島事件）
一八八三（明治一六）	47	5月13日パリから帰国の途に就き、6月22日に横浜港に入港。6月24日帰朝歓迎会の席上、自由党解党について発言。7月2日自由党常議員会で自由党の存続と、板垣が提案した一〇万円の資金募集計画を可決。8月20日関西懇親会で演説。8月29日高知へ帰郷	3月20日高田事件。7月20日岩倉具視死去。8月3日伊藤博文帰国
一八八四（明治一七）	48	3月13日自由党春季大会で総理に再選。8月10日有一館開館式で演説。9月後藤とともにフランス公使サンクイッチと会談。10月29日自由党秋季大会で解党を決議。11月7日に板垣は高知に帰る	5月13日群馬事件。7月7日華族令制定。9月23日加波山事件。10月31日秩父事件。12月4日甲申事変。12月6日村松愛蔵逮捕（飯田事件）。12月14日皆川源左衛門逮捕（名古屋事件）
一八八五（明治一八）	49	6月28日正妻鈴が病死	11月23日大井憲太郎ら逮捕（大阪事件）。12月22日第一次伊藤博文内閣成立、内閣制

			度創設
一八八六（明治一九）	50		7月11日元高知藩主山内豊範死去。10月24日星亭・中江兆民らが全国有志大懇親会を開催
一八八七（明治二〇）	51	1月11日妾政野を離籍。5月9日伯爵を授爵される。5月12日高知を出発。5月15日大阪の有志大懇親会に臨む。5月25日東京に到着。6月9日辞爵表を奉呈。7月7日再辞爵表を奉呈、爵位を辞退するが、許されず。7月15日伯爵を受爵。7月栗原亮一に「亜細亜貿易趣意書」を執筆させ、アジア貿易計画を推進。8月12日藩閥政府を批判する「時弊十条」の封事を明治天皇に上奏（却下）。8月16日高知へ帰郷	7月26日井上馨外務大臣の条約改正案に反対して谷干城農商務大臣が辞職。7月29日井上外相が条約改正会議の無期延期を各国公使へ通告。10月3日後藤象二郎が丁亥倶楽部を創設。10月23日片岡健吉が高知を出発、三大事件建白運動が高揚。12月25日保安条例公布
一八八八（明治二一）	52		2月1日大隈重信が外務大臣として入閣。4月30日黒田清隆内閣成立
一八八九（明治二二）	53	3月6日板垣は荒木絹子と結婚。4月4日次男正実誕生。5月10日大同団結大会が開催。政社派は大同倶楽部、非政社派が大同協和会を設立。5月11日東京で相原尚褧と面会。5月18日黒田清隆総理大臣と面会。5月20日明治天皇と昭憲皇后に拝謁。6月29日高知へ帰着。12月19日大阪で旧友懇親会を開催	2月11日大日本帝国憲法発布。3月22日後藤象二郎が逓信大臣として入閣。10月18日外務大臣大隈重信遭難、条約改正交渉延期となる。12月24日第一次山県有朋内閣成立
一八九〇（明治二三）	54	1月3日愛国公党大意（趣意書）を発表。5月5日愛国公党創立大会が東京で開催、板垣が会長に就任。5月14日愛国公党・大同倶楽部・再興自由党は庚寅	1月21日大井憲太郎らが再興自由党を結成。7月1日第一回総選挙実施。11月29日第一回帝国議会が開会

		倶楽部を組織することを決定。9月15日立憲自由党結成。9月26日山県有朋総理大臣と会談、貴族院勅選議員の内命を辞退。10月20日『自由新聞』(第二次)が刊行	
一八九一(明治二四)	55	1月19日『自由新聞』社説をめぐり党と対立。立憲自由党に分立届を出す。21日星亨らの調停により、復党。2月20日いわゆる「土佐派の裏切り」起こる。24日林有造・片岡健吉ら二九議員が立憲自由党を脱党し、自由倶楽部を設立。26日板垣が脱党届を提出。3月20日大阪大会で立憲自由党が党名を自由党と改称し、板垣を総理に推戴。29日「自由党宣言」を発表。11月9日大隈重信と会談	5月6日第一次松方正義内閣発足。11月26日第二議会開会。12月25日衆議院解散
一八九二(明治二五)	56	2月9日自由党『党報』が藩閥政府を批判したとされ、告発を受ける。5月3日星亨議長当選祝賀会で演説。10月25日「海軍拡張策」を発表	1月23日植木枝盛死去。2月15日第二回総選挙。5月6日第三議会開会。14日衆議院が選挙干渉(問責)決議案を可決。8月8日第二次伊藤内閣成立。11月29日第四議会開会
一八九三(明治二六)	57	2月10日明治天皇による「和衷協同の詔勅」、板垣は詔勅を受け入れ、伊藤内閣と妥協。4月12日四女千代子誕生。9月20日栗原亮一・宇田友猪編纂『板垣退助君伝』出版	2月7日民党が内閣弾劾上奏案を可決。11月28日第五議会開会。12月13日衆議院が議長星亨の除名を決議。30日衆議院解散
一八九四(明治二七)	58	10月13日自由党代議士とともに広島の大本営で明治天皇に拝謁	3月1日第三回総選挙。5月15日第六議会開会。6月2日衆議院解散。8月1日清国に宣戦布告(日清戦争)。9月1日第四回

			総選挙。10月18日第七議会開会。12月24日第八議会開会
一八九五（明治二八）	59	1月1日五女良子誕生。4月3日伊藤博文に「朝鮮国政改革意見書」を送る。7月17日「自由党方針」を決議。11月22日伊藤内閣と自由党の提携宣言書、および檄文を発表	4月17日日清講和条約締結。23日三国干渉。5月10日遼東半島還付の詔勅。12月28日第九議会開会
一八九六（明治二九）	60	4月14日内務大臣に就任。16日自由党総理を辞任。6月16日淀川改修および大阪築港工事視察のため西下。22日から三陸大海嘯の被害地を視察する。7月4日帰京。8月27日閣議で松方正義・大隈重信の入閣に反対し、28日に辞表を提出	8月28日第二次伊藤内閣崩壊。9月18日第二次松方内閣成立。12月25日第一〇議会開会
一八九七（明治三〇）	61	1月10日自由党臨時大会で自由党総理に復任。3月19日総理辞任。11月18日自由党評議員会松方内閣との提携論を否決。12月15日自由党大会で内閣不信任案の提出を決議	2月15日河野広中脱党。8月4日後藤象二郎死去。10月31日進歩党が松方内閣との提携を断絶。12月24日第一一議会開会。25日松方内閣への不信任決議案提出、衆議院解散。松方内閣崩壊
一八九八（明治三一）	62	4月19日自由党が伊藤内閣との提携を断絶。6月22日憲政党結党式。27日大隈重信・板垣退助に内閣組織の大命降る。30日第一次大隈内閣（隈板内閣）成立、内務大臣に就任。10月29日内相の辞表を提出、旧自由党系のみで憲政党を解党し、新しく憲政党を組織。11月14日三男六一誕生。29日憲政党が山県内閣との提携を決定	1月12日第三次伊藤内閣成立。3月15日第五回総選挙実施。5月19日第一二議会開会。6月10日衆議院解散。24日伊藤首相辞表を提出。8月10日第六回総選挙。10月24日文部大臣尾崎行雄「共和演説」問題で辞任。31日大隈内閣総辞職。11月3日旧進歩党系が憲政本党を結成。8日第二次山県内閣成立。12月3日第一三議会開会

一八九九（明治三二）	63	1月20日西郷従道らと同気倶楽部を創立。6月10日九州遊説に出発するが、佐賀遊説を中止、帰京。11月8日憲政党総務委員待遇辞任、政界引退	11月22日第一四議会開会
一九〇〇（明治三三）	64	2月中央風俗改良会を組織。3月19日長男鉾太郎の次男（孫）守正誕生。9月8日北海道旅行に出発。9月13日憲政党解党大会、板垣への感謝と自由党史編纂を決議	9月15日立憲政友会創立。10月19日第四次伊藤内閣成立。12月25日第一五議会開会
一九〇一（明治三四）	65	7月8日伊藤政友会総裁に政友会組織改革の意見書を提出	6月2日第一次桂内閣成立。21日星亨暗殺される。12月10日第一六議会開会。13日中江兆民死去
一九〇二（明治三五）	66		8月10日第七回総選挙。12月9日第一七議会開会
一九〇三（明治三六）	67	6月19日・27日旧友茶話会で演説	3月1日第八回総選挙。5月12日第一八議会開会。12月10日第一九議会開会
一九〇四（明治三七）	68		2月10日ロシアに宣戦布告（日露戦争）。3月1日第九回総選挙。20日第二〇議会開会。11月30日第二一議会開会
一九〇五（明治三八）	69	12月17日東京芝区青松寺で開かれた憲政創設志士追弔法会で演説	9月5日日露講和条約締結。12月28日第二二議会開会
一九〇六（明治三九）	70	3月18日古稀祝賀宴を芝の紅葉館に開く。発起人総代松田正久が板垣伯寿像建設を提案。この年、憲政党残務委員から宇田友猪の執筆した『自由党史』稿本を譲り受け、和田三郎に加筆修正をさせる	1月7日第一次西園寺内閣成立

一九〇七（明治四〇）	71	2月12日世襲華族廃止の「意見書」を各華族に送付。3月22日高知で社会改良会発会式を挙行。5月7日ハーグ万国平和会議に戦争防止の意見書を発送。18日谷干城が板垣の一代華族論への反駁書を発表。11月12日『自由党史』脱稿、杉田・栗原らに旧自由党殉難志士の写真、文書等収集の必要性などを説明する。12月25日第一回旧友会を開く	
一九〇八（明治四一）	72	1月24日『自由党史』の予約募集開始	5月15日第一〇回総選挙。7月14日第二次桂内閣成立
一九〇九（明治四二）	73	2月26日内藤魯一が衆議院本会議で「憲政創設功労者行賞に関する建議案」を提出し、演説する	10月26日伊藤博文暗殺される
一九一〇（明治四三）	74	3月22日板垣退助監修『自由党史』が刊行	8月22日韓国併合に関する日韓条約調印
一九一一（明治四四）	75	4月20日雑誌『社会政策』を創刊	5月13日谷干城死去。8月30日第二次西園寺内閣成立
一九一二（明治四五／大正元）	76	6月10日社会政策社が『一代華族論』を出版。12月19日第一回憲政擁護連合大会に出席	7月29日明治天皇逝去。12月21日第三次桂内閣成立
一九一三（大正二）	77	1月7日憲政擁護土佐同志会を組織。4月19日東京芝公園内で板垣伯銅像除幕式が挙行され、演説する	2月20日第一次山本内閣成立
一九一四（大正三）	78	2月17日台湾視察のため基隆港に到着。11月再び台湾に渡り、台北で同化会の発会式をあげる	4月16日第二次大隈内閣成立。8月23日ドイツに宣戦布告（第一次世界大戦に参戦）
一九一五（大正四）	79	5月17日自由党旧友会第一回総会が開催され、演説する	

一九一六（大正五）	80	8月27日芝公園で開かれた旧友会で演説	10月9日寺内内閣成立
一九一八（大正七）	82	2月17日鶴見総持寺で、民権家の法要を開く。4月21日岐阜公園で行われた板垣伯銅像除幕式に出席。12月6日三男六一死去	9月29日原内閣成立
一九一九（大正八）	83	3月「戸主参政権論」を発表。7月16日午前八時半死去。享年八三。死去直前に一代華族論を実行するため、相続人より襲爵の願い出をしないことを確認する。20日東京芝区愛宕町青松寺で葬儀、北品川高源院墓地に埋葬される	

出典／安在邦夫・公文豪「板垣退助年譜」（『板垣退助君伝記』第四巻〈原書房、二〇一〇年〉所収）、高知市立自由民権記念館編『板垣退助―板垣死すとも自由は死せず』（高知市立自由民権記念館、一九九四年）

中元崇智（なかもと・たかとし）

1978（昭和53）年兵庫県生まれ．2000年立命館大学文学部日本史学科卒．07年名古屋大学大学院文学研究科博士後期課程修了．博士（歴史学）．高千穂大学商学部准教授などを経て，中京大学文学部歴史文化学科教授．専攻・日本近代史．

著書『明治期の立憲政治と政党―自由党系の国家構想と党史編纂』（吉川弘文館，2018年）

共著『自由民権〈激化〉の時代』（日本経済評論社，2014年）

『近代日本の歴史意識』（吉川弘文館，2018年）

『明治史講義 テーマ篇』（ちくま新書，2018年）

他多数

板垣退助（いたがきたいすけ）

中公新書 2618

2020年11月25日発行

著　者　中元崇智

発行者　松田陽三

本文印刷　三晃印刷

カバー印刷　大熊整美堂

製　　本　小泉製本

発行所　中央公論新社

〒100-8152

東京都千代田区大手町 1-7-1

電話　販売 03-5299-1730

　　　編集 03-5299-1830

URL http://www.chuko.co.jp/

定価はカバーに表示してあります．落丁本・乱丁本はお手数ですが小社販売部宛にお送りください．送料小社負担にてお取り替えいたします．

本書の無断複製（コピー）は著作権法上での例外を除き禁じられています．また，代行業者等に依頼してスキャンやデジタル化することは，たとえ個人や家庭内の利用を目的とする場合でも著作権法違反です．

©2020 Takatoshi NAKAMOTO

Published by CHUOKORON-SHINSHA，INC.

Printed in Japan　ISBN978-4-12-102618-7 C1221

中公新書刊行のことば

いまからちょうど五世紀まえ、グーテンベルクが近代印刷術を発明したとき、書物の大量生産は潜在的可能性を獲得し、いまからちょうど一世紀まえ、世界のおもな文明国で義務教育制度が採用されたとき、書物の大量需要の潜在性が形成された。この二つの潜在性がはげしく現実化したのが現代である。

いまや、書物によって視野を拡大し、変りゆく世界に豊かに対応しようとする強い要求を私たちは抑えることができない。この要求にこたえる義務を、今日の書物は背負っている。だが、その義務は、たんに専門的知識の通俗化をはかることによって果たされるものでもなく、通俗的好奇心にうったえて、いたずらに発行部数の巨大さを誇ることによって果たされるものでもない。現代を真摯に生きようとする読者に、真に知るに価いする知識だけを選びだして提供すること、これが中公新書の最大の目標である。

私たちは、知識として錯覚しているものによってしばしば動かされ、裏切られる。私たちは、作為によってあたえられた知識のうえに生きることがあまりに多く、ゆるぎない事実を通して思索することがあまりにすくない。中公新書が、その一貫した特色として自らに課すものは、この事実のみの持つ無条件の説得力を発揮させることである。現代にあらたな意味を投げかけるべく待機している過去の歴史的事実もまた、中公新書によって数多く発掘されるであろう。

中公新書は、現代を自らの眼で見つめようとする、逞しい知的な読者の活力となることを欲している。

一九六二年一一月

日本史

d4

中公新書 1886

現代史

f1